中国塑造力

China's power to shape

人民日报海外版《望海楼》专栏 编

人民日报出版社

图书在版编目（CIP）数据

中国塑造力 /《人民日报海外版·望海楼》专栏编.
-- 北京：人民日报出版社，2018.5
ISBN 978-7-5115-5528-1

Ⅰ. ①中… Ⅱ. ①人… Ⅲ. ①国家－形象－研究－中国
Ⅳ. ①D6

中国版本图书馆CIP数据核字(2018)第128830号

书　　　名：	中国塑造力
编　　　者：	人民日报海外版《望海楼》专栏
出 版 人：	董　伟
图书策划：	严　冰　陈振凯
特约编辑：	柴逸扉　韩维正
责任编辑：	张炜煜
版式设计：	刘露露　阮全勇
出版发行：	人民日报出版社
社　　　址：	北京金台西路2号
邮政编码：	100733
发行热线：	（010）65369527　65369512　65369509　65369510
邮购热线：	（010）65369530
编辑热线：	（010）65369514
网　　　址：	www.peopledailypress.com
经　　　销：	新华书店
印　　　刷：	大厂回族自治县彩虹印刷有限公司
开　　　本：	710mm×1000mm　1/16
字　　　数：	231千
印　　　张：	16.25
版　　　次：	2018年7月第1版　2018年7月第1次印刷
书　　　号：	ISBN 978-7-5115-5528-1
定　　　价：	38.00元

序

百年未有大变局下的中国担当

全国政协委员、人民日报海外版原总编辑
王树成

这是一个最好的时代，这是一个巨变的时代。

对中国来说，经过长期努力，中国特色社会主义进入了新时代，这是我国发展新的历史方位。中华民族迎来了从站起来、富起来到强起来的伟大飞跃，中国正处于和平崛起的关键阶段。

对世界来说，不争的事实是，国际力量对比正发生深刻变革。世界正发生的大变局，或说"前所未有""五百年未有"，或说"数百年未有""百年未有"，无不彰显大变局的历史性、深刻性。

百年变局之下，2017年尤为值得关注。

这一年，对中国来说，是党和国家事业发展中极不平凡的一年。特别是党的十九大胜利召开，习近平新时代中国特色社会主义思想写入党章，开启了全面建设社会主义现代化国家新征程。

这一年，国际形势继续经历深刻变革与调整，反全球化思潮泛起，单边主义者倾向加剧，世界再次站到了一个充满不确定性的历史关头。

时候来了，时代到了。

当世界的不确定性，遇上了中国的稳中有进、持续向好，国际目光自然转向中国。适时向世界讲述中国故事、贡献中国智慧、提出中国方案，对中国来说，顺理成章，水到渠成。

面对纷繁复杂的国际形势，《人民日报海外版》高度重视传播手段建设和创新，不断提高新闻舆论传播力、引导力、影响力、公信力，始终践行习近平总书记"讲述好中国故事，传播好中国声音"的重要指示。讲述好中

中国塑造力

国故事,我们有《中国故事》版、"中国故事工作室"等版面和媒体融合工作室。传播好中国声音,我们有《望海楼》专栏、侠客岛、学习小组等老品牌、新品牌。

过去5年,中国何以取得历史性成就、历史性变革?未来多年,中国何以强起来? 2017年10月召开的中共十九大给出了最好的回答,中华民族走向伟大复兴的"大道"尽在其中。当前,学习贯彻落实习近平新时代中国特色社会主义思想和十九大精神,是全党全国的最大政治任务。

党的十八大以来,在以习近平同志为核心的党中央坚强领导下,中国特色大国外交成果丰硕。全面推进中国特色大国外交,形成全方位、多层次、立体化的外交布局,为我国发展营造了良好外部条件。实施共建"一带一路"倡议,发起创办亚洲基础设施投资银行,设立丝路基金,举办首届"一带一路"国际合作高峰论坛、亚太经合组织领导人非正式会议、二十国集团领导人杭州峰会、金砖国家领导人厦门会晤、亚信峰会。倡导构建人类命运共同体,促进全球治理体系变革。

而在中国日益走近世界舞台中心的过程中,我报的《望海楼》专栏始终紧跟时代步伐。仅以去年以来为例——

2017年初,习近平在达沃斯世界经济论坛年会和联合国日内瓦总部发表重要演讲,发出推进经济全球化进程再平衡、共同构建人类命运共同体的倡议。《望海楼》专栏及时跟进,刊发《习近平为世界经济开出中国药方》《万国宫演讲发出时代强音》等解读。

"一带一路"国际合作高峰论坛、金砖国家领导人厦门会晤、博鳌亚洲论坛2018年年会等主场外交的成功举办,《望海楼》也第一时间发声,配发《"一带一路":中国献给世界的礼物》《中国智慧照亮第二个"金色十年"》《时代之问的中国答卷》等权威评论。

而在印军越界、中美贸易摩擦、半岛局势等热点敏感问题上,《望海楼》敢于交锋亮剑,发出了响亮的中国声音,彰显了鲜明的中国立场,阐释了明确的中国主张。《中国主权权益不容侵犯》《"纸老虎"从来吓不倒中国》《半岛和平与中国努力密不可分》等多篇文章被西方主流媒体引用解

序

读,成为境外转引热点。

现在,《望海楼》专栏将2017年以来的精要文章,结集成书,名为《中国塑造力》。"塑造力"的说法,出自中共十九大报告。报告在总结过去5年的工作和历史性变革时指出,中国国际影响力、感召力、塑造力进一步提高,为世界和平与发展作出新的重大贡献。

从影响力、感召力到"塑造力",强调的是中国方案向国际共识、国际行动的转化,突出的是从地方性、国别性特殊经验到世界性普遍规律的升华。

因此,如果要寻找一个词,概括十八大以来中国外交展现的新变化,"塑造力"无疑是恰切的。这种"塑造力",也是百年未有大变局下的中国担当。

此书已交于读者面前,期待方家指正。2018年是中国改革开放40周年,也是全面贯彻中共十九大精神的开局之年。关于"中国为什么能"的讨论将不断涌现,希望这本小书可以为所有有意探寻此命题答案的读者,带来些许启示。

相信,读懂这些文章,利于读懂新时代,利于读懂新时代的中外关系,利于增强"四个自信",利于凝聚全国各族人民为中华民族伟大复兴中国梦而努力奋斗。

是为序。

目录

中国特色社会主义进入新时代

新时代中国外交凸显"塑造力" 苏晓晖 2

新时代的行动指南 叶小文 4

读懂主要矛盾，读懂新时代 石建勋 6

历史的选择 人民的选择 全党的选择 韩庆祥 8

崭新的历史从这里出发 叶小文 10

蓝图绘美景 实干创未来 石建勋 12

新时代：以文化自信铸文化辉煌 冯鹏志 14

不忘初心、牢记使命、永远奋斗 石建勋 16

中国人权事业迈向新阶段 常健 18

百年新变局 中国新时代 阮宗泽 20

2017，最难忘"新时代"这个词 叶小文 22

幸福在奋斗的新时代 杨一枫 24

不断贡献中国智慧和力量

世界需要中国这样的领导力量 王栋 28

让世界共享"新时代" 贾秀东 30

中共领导力是世界之福 王义桅 32

习近平演讲 施瓦布缘何盛赞 华益声 34

中国：从"追随者"到"引领者" 庆新 36

中国塑造力

全球为何关注中国反腐败　严　冰　38
中国智慧照亮第二个"金色十年"　苏晓晖　40
中国新时代　世界新机遇　王义桅　42
中共带给世界自信　王义桅　44
为构建人类命运共同体贡献"博鳌智慧"　陈须隆　46
2018：世界都在说，中国话更实　贾秀东　48
中国机遇期也是世界机遇期　王义桅　50
中国进则世界进　中国好则世界好　胡鞍钢　53
中国发展造福世界　王义桅　55
"天下为公"方显大国担当　苏晓晖　57
中国梦的世界意义与文明担当　王义桅　59
全球安全治理的中国方向　苏晓晖　61
世界目光聚焦中国两会　苏晓晖　63
长征精神何以饮誉全球？　严　冰　65
中国新型政党制度的启示　杨　凯　67
欢迎搭乘中国发展的快车便车　王义桅　69
中国勇于担当的大国胸怀　华益声　71
从中国方案到国际共识　阮宗泽　73
中国为世界经济注入活力　王俊岭　75
中国大步走向世界舞台中央　华益声　77
新一轮全球化呼唤中国引领　赵龙跃　79
中国是世界稳定锚　阮宗泽　81
解决人类现实挑战的中国方案　常　健　83

目录

中国开放的大门不会关闭只会越开越大

时代之问的中国答卷　华益文　86

扩大开放是中国主动战略之举　苏晓晖　88

中国开放的大门只会越开越大　梅新育　90

让改革开放时代旋律更强劲　杨凯　92

面朝大海　再沐春风　梅新育　94

开放怀抱等你　你会爱上这里　胡鞍钢　李萍　96

中国全方位开放坚定不移　罗来军　98

构建人类命运共同体

打造共同命运　提振世界经济　石建勋　102

改善全球治理的一股清风　顾宾　104

人间自有公道　阳光自当普照　贾秀东　106

博鳌论坛影响力越来越大　张洁　108

为世界谋大同　彰显天下情怀　贾秀东　110

合作画出金砖"同心圆"　罗来军　112

人类命运共同体成全球共识　陈须隆　114

共创人类更加光明未来　贾秀东　116

建设更加美好世界　阮宗泽　118

世界都需聆听时代的声音　郑剑　120

为更加包容的全球化鼓与呼　罗来军　122
建设更加美好世界的中国方案　陶　略　124
中国方案与联合国宗旨相一致　沈丁立　126
中国与世界共同迈向美好明天　王义桅　128

积极促进"一带一路"国际合作

中国正走向更辽阔的世界　严　冰　132
开辟"一带一路"文化共荣新未来　王树成　134
"一带一路"的世界交响　王义桅　136
推动"一带一路"建设行稳致远　王义桅　138
"一带一路"：中国与世界的"千年之约"　贾秀东　140
法国缘何高调支持"一带一路"　王义桅　142
"一带一路"全面延伸到拉美大陆　王义桅　144
"一带一路"吸引世界目光　王义桅　146
中哈合作："一带一路"典范对接　王文　148
"一带一路"与上合组织互为动力　苏晓晖　150
中新"一带一路"协议的示范意义　苏晓晖　152
"一带一路"成中菲合作新机遇　苏晓晖　154
"一带一路"正重塑世界经济地理　胡鞍钢　张新　156
"一带一路"，越走越宽　王义桅　158
"一带一路"高峰论坛值得世界期待　王义桅　160

目录

期待"一带一路"论坛绽放北京　王　文　162
"一带一路"论坛的节点意义　沈丁立　164
让"中国节奏"引领世界　贾晋京　166
当"一带一路"遇上"青年"　柯　闻　168
"一带一路"何以一呼百应？　刘　英　170

任何人不要幻想让中国吞下损害自身利益的苦果

对于贸易战，中国不想打、不怕打　张　超　174
阻止中国技术进步，那是徒劳　王义桅　176
中国以行动警告美方放弃幻想　华益声　178
"纸老虎"从来吓不倒中国　苏晓晖　180
日本别在南海兴风作浪　苏晓晖　182
南海不容搅局者破坏　贾秀东　184
美舰南海寻衅意欲何为　张军社　186
中国主权权益不容侵犯　苏晓晖　188
中止对美关税减让，是回应更是警示　梅新育　190

积极发展全球伙伴关系

中非合作共赢的新春天已经到来　李新烽　194
中俄是新型国际关系典范　苏晓晖　196
擘画新时代中美关系新蓝图　贾秀东　198
中欧关系全球意义日益凸显　王义桅　200
中日是搬不走的邻居　贾秀东　202
中拉合作扬帆驶入新时代　吴洪英　204
中德携手构筑全球治理责任共同体　郑春荣　206
中法关系三大特质给人启示　易凡　208
中英关系步入新时代　张健　210
中瑞关系：四个典范　四重意义　陈须隆　212
从中蒙"整束好行装再出发"说起　华益文　214
中芬伙伴关系充满正能量　苏晓晖　216
中哈关系的三重示范意义　寇思瑞　218

坚持"一国两制"，推进祖国统一

"一国两制"具有强大生命力　任成琦　222
中央始终是香港发展的坚强后盾　吴亚明　224
习近平讲话为香港未来发展指明方向　吴亚明　226
续写狮子山下新传奇　任成琦　228

目录

期待香港收获更美好的五年　张庆波　230

共享祖国繁荣富强的伟大荣光　任成琦　232

新时代书写香港新篇章　张庆波　234

两个"绝对"严正警告"台独"　王 平　236

台当局别总揣着明白装糊涂　任成琦　238

台湾当局应好好反省　吴亚明　240

中国史"被消失",台当局其心实可诛!　任成琦　242

"二·二八"起义70年之省思　吴亚明　244

中国特色社会主义进入新时代

新时代中国外交凸显"塑造力"

苏晓晖

中共十九大报告在总结过去5年的工作和历史性变革时指出,中国国际影响力、感召力、塑造力进一步提高,为世界和平与发展作出新的重大贡献。与此相应,英国剑桥大学政治与国际研究系高级研究员马丁·雅克在中共十九大召开之际发来贺电表示,中国在国际舞台上越发自信,正在成为新型全球化的塑造者。

相比"影响力"和"感召力","塑造力"更清晰地显示出中国的国际议程设置权空前增强,国际规则制定权显著扩大,国际事务话语权大幅提升,也意味着中国正在积极主动参与国际事务,展现出大国使命和担当。

中国的塑造力基于自身发展的突破。中共十八大以来的5年,中国取得了改革开放和社会主义现代化建设的历史性成就。国家经济实力、科技实力、国防实力、综合国力进入世界前列。

中国的塑造力源自中国共产党的初心。中国共产党是为中国人民谋幸福的政党,也是为人类进步事业而奋斗的政党。中国共产党始终把为人类作出新的更大的贡献作为自己的使命。

中国的塑造力顺应中国发展的新的历史方位。中共十九大报告宣示,中国特色社会主义进入了新时代。这个新时代,将见证中国不断走近世界舞台中央。

进入新时代,中国的塑造力将集中体现在中国特色大国外交的总目标上,即推动构建新型国际关系,推动构建人类命运共同体。

中共十九大报告指出,世界面临的不稳定性不确定性突出,人类面临许多共同挑战。例如，世界经济增长动能不足，贫富分化日益严重，地区热点问题此起彼伏，恐怖主义、网络安全、重大传染性疾病、气候变化等非传统安全威胁持续蔓延等。

构建新型国际关系是中国对国际关系的重要设计。事实上，构建新型国际关系已成为中共十八大以来中国外交的主线。中共十九大报告进一步丰富了新型国际关系的内涵，明确了相互尊重、公平正义、合作共赢三重要义，为各国提供和谐相处、共谋发展的全新思路和选择。

构建人类命运共同体体现了中国对世界格局的议程设置。中共十九大报告阐释了人类命运共同体的内涵，即建设持久和平、普遍安全、共同繁荣、开放包容、清洁美丽的世界。

为塑造更美好的世界，中国首先以身作则，坚定奉行独立自主的和平外交政策，积极发展全球伙伴关系，坚持对外开放的基本国策，秉持共商共建共享的全球治理观。同时，中国重视国际公平正义，倡导国际关系民主化，坚持国家不分大小、强弱、贫富一律平等，支持联合国发挥积极作用。中国还特别关注发展中国家在国际事务中的代表性和发言权的扩大和提升。

在新时代，中国将继续作为国际形势的稳定之锚、世界增长的发动机、和平发展的正能量、全球治理的新动力，以中国智慧、中国方案和中国力量为全人类发展作出更大贡献。

(作者为中国国际问题研究院国际战略研究所副所长)

《人民日报海外版》（2017年10月23日第01版）

新时代的行动指南

叶小文

10月18日,中共十九大开幕。这个日子,这个国家,这个党,举世瞩目。"中国,强国崛起",世界"进入了中国世纪",这是海外媒体的判断。

为什么中国"强起来"的力量与日俱增,"强起来"的趋势不可阻挡,"强起来"的前景更加看好?首先就因为,在引领中国前进的旗帜上,指导思想熠熠生辉。

一个大国要崛起,其指导思想,必须具有引领崛起之伟力。回想从辛亥革命以来,我们中华民族在艰难曲折中昂扬奋起,一代接一代思想者前仆后继、殚精竭虑、艰苦探索,都是要找到一条正确道路、一个正确的指导思想。

中国共产党作为马列主义政党,高度重视理论建设和理论指导,强调理论必须同实践相统一。在中国从站起来、富起来到强起来的伟大实践中,中共不断推进理论创新,拓展新视野,作出新概括,开创马克思主义中国化的新境界。中国特色社会主义道路,是中国共产党在改革开放的历史进程中开辟出来的,是改革开放以来党的全部理论和实践的主题,是党和人民历尽千辛万苦、付出巨大代价取得的根本成就,是实现国家富强、人民幸福、民族复兴的唯一正确道路。

党的十八大以来的5年,是党和国家发展进程中极不平凡的5年,改革开放和社会主义现代化建设取得了历史性成就。5年来,以习近平同志为核心的党中央迎难而上、开拓进取，革故鼎新、励精图治，以巨大的政治勇气和强烈的责任担当，进行具有许多新的历史特点的伟大斗争，提出一系列新理念新思想新战略，出台一系列重大方针政策，推出一系列重大举措，推进一系列重大工作，解决了许多长期想解决而没有解决的难题，办成了许多过去想办而没有办成的大事，推动党和国家事业发生历史性变革。

党的十九大报告提出中国特色社会主义进入新时代，这是对党和国家发展历史方位的精辟概括。新时代催生新理论，新理论引领新实践。以习近平同志为主要代表的中国共产党人，进行着划时代的理论创新、实践创新，创立了习近平新时代中国特色社会主义思想。这是马克思主义中国化的最新成果，是中国共产党人新时代的精神支柱和力量源泉，是我们必须遵循的行动指南。这是十九大最大的亮点，是对党的发展的历史性贡献。

习近平新时代中国特色社会主义思想，开辟了马克思主义新境界、中国特色社会主义新境界、治国理政新境界、管党治党新境界。党的十九大把习近平新时代中国特色社会主义思想确立为党必须长期坚持的指导思想，实现了党的指导思想又一次与时俱进，具有重大的政治意义、理论意义、实践意义。

世界将会看到，在习近平新时代中国特色社会主义思想的指引下，中国"强起来"的趋势更加不可阻挡。

（作者为本报特约评论员、中共十八届中央委员）

《人民日报海外版》（2017年10月19日第01版）

读懂主要矛盾,读懂新时代

石建勋

习近平总书记在十九大报告中庄严宣布:经过长期努力,中国特色社会主义进入了新时代,这是中国发展新的历史方位。

正确认识和把握"中国特色社会主义进入新时代"的深刻内涵,就必须搞清楚中国的基本国情,搞清楚新时代国情和世情究竟发生了哪些复杂深刻的变化。习近平在报告中明确提出,中国社会主要矛盾已经转化为人民日益增长的美好生活需要和不平衡不充分的发展之间的矛盾。

经过改革开放近40年的快速发展,量变引起质变,中国社会主要矛盾两个方面的内涵和外延都发生了深刻变化。新时代人民群众的需要已经从"物质文化需要"转化到"美好生活需要","落后的社会生产"转化到"不平衡不充分的发展"。

对主要矛盾发生转化的重大判断是关系全局的历史性重大判断,说明中国共产党领导全国各族人民在社会主义征程的伟大实践中,已经解决了人民日益增长的物质文化需要同落后的社会生产之间的矛盾。旧的矛盾解决了,新的矛盾接着出现。中共的历史就是不断地深刻认识和判断社会主要矛盾,团结带领中国人民战胜一切困难,不断解决中国社会主要矛盾、从胜利走向胜利的的历史。

十九大报告对中国社会主要矛盾作出的重大判断,意义在于:

第一,对"人民日益增长的美好生活需要"的判断,意义非凡。这一判断有助于党和国家更加全面分析和把握多方面、多样化、个性化、多变性、多层次的人民需要，这对于更好地坚持"以人民为中心"的指导思想，不断满足人民群众追求美好生活的各项需求，与时俱进地研究分析人民群众需要的时代特点和演变发展规律，制定具体的路线、方针、政策和战略有重要的理论意义和实践意义。

第二，对"不平衡不充分的发展"的判断，鲜明深刻。这一判断实事求是地反映了新时代中国特色社会主义主要矛盾的主要问题，即发展的不平衡不充分的问题。从当前和今后很长时期来看，要解决这一问题，只能通过创新发展、协调发展、绿色发展、开放发展和共享发展，大力提升发展质量和效益，在发展中更加注重社会公平，不断消除地区差距、收入差距和城乡差距，努力让全体人民共享改革开放和发展的成果。

第三，对中国社会主要矛盾作出的历史性重大判断，是中共坚持实事求是、与时俱进、理论联系实际的重大理论创新，为习近平新时代中国特色社会主义思想提供了强大的理论基础，为制定党的路线、方针、政策和战略提供了理论依据。

读懂主要矛盾，也就读懂了新时代。这个新时代，是全国各族人民团结奋斗、不断创造美好生活、逐步实现全体人民共同富裕的时代。新时代的中国，必将创造更辉煌的成就。

（作者为同济大学财经研究所所长、上海市中国特色社会主义理论体系研究中心特约研究员）

《人民日报海外版》（2017年10月20日第01版）

历史的选择 人民的选择 全党的选择

韩庆祥

中共十九大审议并一致通过《中国共产党章程（修正案）》，习近平新时代中国特色社会主义思想写入党章。这是历史的选择、人民的选择、全党的选择，具有重要而深远的意义。

习近平新时代中国特色社会主义思想写入党章，是时代的需要，具有重要而深远的时代意义。时代是思想之母。习近平强调："当前，全党面临的一个重要课题，就是如何正确认识和妥善处理我国发展起来后不断出现的新情况新问题"，"现在，我们遇到的问题""大量是新出现的问题"。自从我国成为世界第二大经济体、尤其是中国特色社会主义进入新时代以后，我国总体上步入了"发展起来"时期。习近平新时代中国特色社会主义思想，鲜明体现了新时代的时代逻辑及其本质特征，它在本质上是一种实现中华民族伟大复兴的理论，是建设社会主义现代化强国的行动指南。

习近平新时代中国特色社会主义思想写入党章，是实践发展的需要，具有重要而深远的实践意义。实践是理论之源。习近平新时代中国特色社会主义思想是基于对党情国情世情的科学研判而提出的，党情国情世情是这一思想的现实依据。当今我国正处在社会结构调整、主要矛盾转化、各种利益博弈阶段，党和人民正致力于实现中华民族伟大复兴；尤其是当今人民对美好生活的需要日益增长，而我国的发展不平衡不充分。在这种情况下，社会主要矛盾就转化为人民日益增长的美好生活需要和不平衡不充分的发展的矛盾。习近平新时代中国特色社会主义思想，就是在对社会主要矛盾如何认识和处理，对新时代坚持和发展什么样的中国特色社会主义、怎样坚持和发展中国特色社会主义这些重大时代课题的解答中形成的。

习近平新时代中国特色社会主义思想写入党章，是进一步推进马克思主义中国化、在新时代坚持和发展中国特色社会主义理论体系的需要，具有重要而深远的理论意义。习近平新时代中国特色社会主义思想是对马克思列宁主义、毛泽东思想、邓小平理论、"三个代表"重要思想、科学发展观的继承和发展。习近平新时代中国特色社会主义思想独具风格、自成体系，但并不是从天上掉下来的，它仍然归属于特定的"理论谱系"。它既"不忘初心"，又"继续前进"，不忘本来，开辟未来。马克思主义是一个"有机的理论总体"，习近平新时代中国特色社会主义思想是这个"总体"中的组成部分，写出了科学社会主义的"新版本"，写出了中国特色社会主义理论体系的"新篇章"。

习近平新时代中国特色社会主义思想写入党章，可以提高共产党人贯彻落实习近平新时代中国特色社会主义思想的自觉性和坚定性，统一全党的思想和行动，具有重要而深远的政治意义。它可使中国共产党人更加坚定不移地高举中国特色社会主义伟大旗帜，更加坚定不移地走中国特色社会主义道路，更加坚定"四个自信"、增强"四个意识"。

习近平新时代中国特色社会主义思想写入党章，也具有重要而深远的世界意义。这一思想拓展了发展中国家走向现代化的途径，给世界上那些既希望加快发展又希望保持自身独立性的国家和民族提供了全新选择，为解决人类问题贡献了中国智慧和中国方案，进而推进人类社会发展和世界社会主义发展。

总之，十九大一致同意将习近平新时代中国特色社会主义思想写入党章，体现了历史必然性、价值合理性、人类道义性，体现了全党统一意志，更体现了民心民意。

（作者为中央党校校委委员、中央党校副教育长兼科研部主任）
《人民日报海外版》（2017年10月25日第01版）

崭新的历史从这里出发

叶小文

金秋10月,中共十九大在京胜利召开。笔者作为中共十八届中央委员,连日来在感奋、激动之余,一个强烈感受涌上心头:此刻,我正在见证历史;此刻,我们正在见证历史。

十九大,伟大的历史在这里聚焦。举国关注,举世瞩目,千载一时。十九大,崭新的历史从这里出发。新思想引领新时代,新使命开启新征程,一时千载!我们是与时俱进的历史唯物主义者。习近平总书记说,"一些重要的时间节点,是我们工作的坐标"。

十九大部署了3个重要的时间节点:

——从十九大到二十大,是"两个一百年"奋斗目标的历史交汇期。既要全面建成小康社会、实现第一个百年奋斗目标,又要乘势而上开启全面建设社会主义现代化国家新征程,向第二个百年奋斗目标进军。

——从2020年到2035年,在全面建成小康社会的基础上,再奋斗15年,基本实现社会主义现代化。

——从2035年到本世纪中叶,在基本实现现代化的基础上,再奋斗15年,把我国建成富强民主文明和谐美丽的社会主义现代化强国。

十九大闭幕会上,习近平总书记又提出3个时间节点:

"中国共产党已经成立96年了,中华人民共和国已经成立68年了,改革开放已经进行39年了……处在这样一个伟大时代,我们倍感自信自豪,同时也深感责任重大。"

昨天，在十九届中共中央政治局常委同中外记者见面时，4个时间节点再度引起舆论关注：

——2018年，我们将迎来改革开放40周年。改革开放是决定当代中国命运的关键一招，中华民族伟大复兴必将在改革开放的进程中得以实现。

——2019年，我们将迎来中华人民共和国成立70周年。我们将把我们的人民共和国建设得更加繁荣富强。

——2020年，我们将全面建成小康社会。全面建成小康社会，一个不能少；共同富裕路上，一个不能掉队。中国人民生活一定会一年更比一年好。

——2021年，我们将迎来中国共产党成立100周年。我们将以全党的强大正能量在全社会凝聚起推动中国发展进步的磅礴力量。

抚今思昔，千载一时。时间都去哪儿了？

爱默生说，"人是时间的纲领"。时间，就凝结在中华民族的历史里，尤其是十八大以来的5年取得的巨大成就里，就凝聚在十九大习近平总书记掷地有声的报告和讲话、大会一致通过的决议和修改的党章里，就闪烁在近代以来从来没有像现在这样接近的中华民族伟大复兴的目标里。正如古人所云，"为得其志而中心倾之，然忘己以为千载一时也。"

继往开来，一时千载。时间将到哪儿去？

培根说，"时间是最伟大的革新家"。时间，就归结到一个个"重要的时间节点"、一个个"我们工作的坐标"里，就体现在中国共产党带领13亿多人民踏石留印、抓铁有痕的一步步苦干实干和不懈奋斗里。千载一时，一时千载。中国梦是每个中国人的梦。在新时代前进的大潮中，每个人都是其中的一滴水、一朵浪花，都在见证历史、参与历史、融入历史。我们，尤其是我们的青年一代，将从十九大开启的新时代这个时间节点，一步步见证中华民族实现伟大复兴。千载一时，一时千载。"中国共产党立志于中华民族千秋伟业，百年恰是风华正茂！"

（作者为本报特约评论员、中共十八届中央委员）

《人民日报海外版》（2017年10月26第06版）

蓝图绘美景 实干创未来

石建勋

中国特色社会主义进入了新时代，中国经济发展也进入了新时代，基本特征就是经济已由高速增长阶段转向高质量发展阶段。3月5日李克强总理所作的政府工作报告中，除了"6.5%左右"的预期增长速度，如何高质量发展同样备受关注。

中共十九大报告指出，中国社会主要矛盾已经转化为人民日益增长的美好生活需要和不平衡不充分的发展之间的矛盾。今年是全面贯彻十九大精神的开局之年，是改革开放40周年，是决胜全面建成小康社会、实施"十三五"规划承上启下的关键一年。如何在习近平新时代中国特色社会主义思想指引下，解决中国社会主要矛盾，实现高质量发展，是政府工作的着眼点。

新思想引领新征程。过去五年，面对极其错综复杂的国内外形势，以习近平同志为核心的党中央团结带领全国各族人民砥砺前行，统筹推进"五位一体"总体布局，协调推进"四个全面"战略布局，改革开放和社会主义现代化建设全面开创新局面。政府工作报告指出，做好今年工作，要认真贯彻习近平新时代中国特色社会主义经济思想，坚持稳中求进工作总基调，把稳和进作为一个整体来把握。一是大力推动高质量发展；二是加大改革开放力度；三是抓好决胜全面建成小康社会三大攻坚战。推动改革取得新突破。有效化解不平衡不充分的发展问题，要靠深化改革，特别是要深化供给侧结构性改革。政府工作报告90余次提到"改革"一词，尤其是将"深入推进供给侧结构性改革"作为"对2018年政府工作的建议"的第一条。报告指出，坚持把发展经济着力点放在实体经济上，继续抓好"三去一降一补"，大力简政减税减费，不断优化营商环境，进一步激发市场主体活力，提升经济发展质量。报告同时强调，要深化基础性关键领域改革，以改革开放40周年为重要契机，推动改革取得新突破，不断解放和发展社会生产力。

贯彻新发展理念有新部署。新发展理念是指挥棒、红绿灯。政府工作报告部署了加强国家创新体系建设、健全生态文明体制、坚决打好三大攻坚战、大力实施乡村振兴战略、健全城乡融合发展体制机制、扎实推进区域协调发展战略、推动形成全面开放新格局等一系列坚持新发展理念的具体工作。

改善民生有新亮点。报告充分体现"以人民为中心"的发展思想，提出要在发展基础上多办利民实事、多解民生难事，兜牢民生底线，不断提升人民群众的获得感、幸福感、安全感。报告中提出的改善民生目标，有指标有重点有惊喜，如城镇新增就业1100万人以上，城镇调查失业率5.5%以内；再减少农村贫困人口1000万以上，完成易地扶贫搬迁280万人；合理调整社会最低工资标准；提高个人所得税起征点；发展公平而有质量的教育；等等。一系列新举措，回应了百姓期盼，获得百姓点赞。

蓝图绘就，剩下就是落实。中国改革发展的一切成就，都是干出来的。团结凝聚力量，实干创造未来。在大有可为的历史机遇期，只有快干、实干、会干，才能不负新时代。

（作者为上海市习近平新时代中国特色社会主义思想研究中心副主任、同济大学财经研究所所长）

《人民日报海外版》（2018年03月07日第01版）

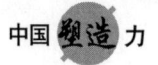

新时代：以文化自信铸文化辉煌

冯鹏志

金秋10月，中共十九大胜利闭幕。习近平总书记在十九大报告中发出"坚定文化自信"的号召。随着"文化自信"被正式写进《中国共产党章程》，中国共产党作为中国先进文化的积极引领者和践行者、作为中华优秀传统文化的忠实传承者和弘扬者，将以更加自信的姿态，坚定地走中国道路，坚持"和而不同、兼收并蓄"的理念，坚持与不同文明之间进行对话，让世界人民感受中华文化的魅力。

新时代坚定文化自信，会带来3个新气象：

第一，中国共产党将以强大政党的坚定姿态，牢牢把握为中华民族谋复兴的文化使命。

为中华民族谋复兴，是激励中国共产党人不断前进的根本动力，也是中国共产党的重大使命。在中国特色社会主义新时代，中共将一如既往坚持中国特色社会主义文化发展道路，激发全民族文化创新创造活力，建设社会主义文化强国，坚守中华文化立场，坚持发展民族的科学的大众的社会主义文化，坚持推动社会主义精神文明和物质文明协调发展，坚持为人民服务、为社会主义服务的文化发展方向，坚持百花齐放、百家争鸣的文化发展方针，坚持推动中华优秀传统文化创造性转化、创新性发展，不断铸就中华文化新辉煌。

第二，中国共产党将以文化中国的奋进姿态，始终坚守为人民谋福祉的文化初心。

为中国人民谋福祉，是激励中国共产党人不断前进的根本动力，也是中国共产党的文化初心。人民是历史的创造者，是决定党和国家前途命运的根本力量。带领人民创造美好生活，是中共一以贯之的奋斗进程和始终不渝的奋斗目标。在中国特色社会主义新时代，中共将始终坚持以人民为中心的发展思想和价值立场，坚持立党为公、执政为民，践行全心全意为人民服务的根本宗旨，把党的群众路线贯彻到治国理政之中，把人民对美好生活的向往作为奋斗目标，依靠人民创造文化中国的历史伟业。

第三，中国共产党将以文化天下的搏击姿态，奋力兑现为人类社会开太平的文化抱负。

中国共产党是为中国人民谋幸福的政党，也是为人类进步事业而奋斗和贡献的政党。在中国特色社会主义新时代，中共将坚持推动构建人类命运共同体，坚持尊重世界文明多样性，以文明交流超越文明隔阂、以文明互鉴超越文明冲突、以文明共存超越文明优越，积极发展全球伙伴关系，坚持对外开放的基本国策，积极促进"一带一路"国际合作，坚决秉持共商共建共享的全球治理观，继续发挥负责任大国作用，积极参与全球治理体系改革和建设，奋力在走近世界舞台中央的过程中为人类和平发展不断贡献中国智慧和中国方案。

新时代文化自信的中国格局，正在徐徐展开。更加繁荣兴盛的社会主义文化，将为中国梦的实现提供源源不断的强大正能量。

(作者为中央党校哲学教研部主任)

《人民日报海外版》 (2017年10月30日第01版)

不忘初心、牢记使命、永远奋斗

石建勋

新时代有新气象。中共十九大闭幕仅一周,10月31日,中共中央总书记习近平带领中共中央政治局常委李克强、栗战书、汪洋、王沪宁、赵乐际、韩正的首次集体出行,选在上海和浙江嘉兴,瞻仰上海中共一大会址和浙江嘉兴南湖红船,回顾建党历史,宣示新一届党中央领导集体的坚定政治信念。

在一大会址纪念馆宣誓厅,他们重温入党誓词。在习近平领誓下,中央政治局常委同志举起右拳,庄严宣誓。

在嘉兴南湖革命纪念馆,习近平发表重要讲话强调,只有不忘初心、牢记使命、永远奋斗,才能让中国共产党永远年轻。只要全党全国各族人民团结一心、苦干实干,中华民族伟大复兴的巨轮就一定能够乘风破浪、胜利驶向光辉的彼岸。

一大会址、嘉兴南湖红船是中共梦想起航的地方。新一届党中央领导集体的上海浙江之行,既是寻找初心之旅,也是宣誓使命之旅。这让人想到十九大的主题:不忘初心,牢记使命,高举中国特色社会主义伟大旗帜,决胜全面建成小康社会,夺取新时代中国特色社会主义伟大胜利,为实现中华民族伟大复兴的中国梦不懈奋斗。

不忘初心,方得始终。中国共产党人的初心和使命,就是为中国人民谋幸福,为中华民族谋复兴。这个初心和使命是激励中国共产党人不断前进的根本动力。

96年来，为了实现中华民族伟大复兴的历史使命，无论是弱小还是强大，无论是顺境还是逆境，我们党都初心不改、矢志不渝，团结带领人民历经千难万险，付出巨大牺牲，敢于面对曲折，勇于修正错误，攻克了一个又一个看似不可攻克的难关，创造了一个又一个彪炳史册的人间奇迹。今天，我们比历史上任何时期都更接近、更有信心和能力实现中华民族伟大复兴的目标。

经过长期努力，中国特色社会主义进入了新时代，这是我国发展新的历史方位，近代以来久经磨难的中华民族迎来了从站起来、富起来到强起来的伟大飞跃，迎来了实现中华民族伟大复兴的光明前景。

回首过去，十八大以来的五年尤其让人难忘。这五年成就是全方位的、开创性的，变革是深层次的、根本性的。五年来，我们党以巨大的政治勇气和强烈的责任担当，提出一系列新理念新思想新战略，出台一系列重大方针政策，推出一系列重大举措，推进一系列重大工作，解决了许多长期想解决而没有解决的难题，办成了许多过去想办而没有办成的大事，推动党和国家事业发生历史性变革。

新时代要有新作为。中共十九大到二十大的五年，正处在实现"两个一百年"奋斗目标的历史交汇期，第一个百年目标要实现，第二个百年奋斗目标要开篇。这其中有一些重要的时间节点，是中共各项工作的坐标。

使命呼唤担当，使命引领未来。中国共产党将不负人民重托、无愧历史选择，在新时代中国特色社会主义的伟大实践中，以党的坚强领导和顽强奋斗，激励全体中华儿女不断奋进，凝聚起同心共筑中国梦的磅礴力量。

(作者为上海市习近平新时代中国特色社会主义思想研究中心副主任、同济大学财经研究所所长)

《人民日报海外版》（2017年11月01日第01版）

中国人权事业迈向新阶段

常 健

中共十九大作出"中国特色社会主义进入新时代"重要判断。我国社会主要矛盾已经转化为人民日益增长的美好生活需要和不平衡不充分的发展之间的矛盾。一方面,人民美好生活需要日益广泛,不仅对物质文化生活提出了更高要求,而且在民主、法治、公平、正义、安全、环境等方面的要求日益增长;另一方面,更加突出的问题是发展不平衡不充分,这已经成为满足人民日益增长的美好生活需要的主要制约因素。

相应的,新时代对中国人权事业发展也提出了新的更高要求,这主要体现在五个方面。

第一,在新时代,人民要求更全面的人权保障,不仅要求保障生存权,而且要求保障发展权、环境权;不仅要求保障经济、社会和文化权利,而且要求保障政治权利等。十九大报告对此作出积极回应。首先,报告三处提到要更好推动、不断促进"人的全面发展"。其次,在发展权方面,报告特别强调要使人民平等参与、平等发展权利得到充分保障。再次,报告提出要保护人民人身权、财产权、人格权。最后,在政治权利方面,报告提出要扩大人民有序政治参与,保证人民依法实行民主选举、民主协商、民主决策、民主管理、民主监督,等等。

第二,在新时代,人民要求更均衡的人权保障,特别要提升中西部、乡村和边远贫困地区人权保障水平。十九大报告对此提出了具体的改进措施。首先,报告在六处提到要逐步实现、不断促进"全体人民共同富裕"。其次，报告提出了一系列促进人权均衡保障的具体战略，包括乡村振兴战略、区域协调发展战略、可持续发展战略，开展脱贫攻坚、精准脱贫等。最后，报告在教育、社会保险、救助体系等方面提出了城乡一体化战略。

第三，在新时代，人民要求更充分的人权保障，提高各项人权的保障水平。十九大报告提出了"坚持在发展中保障和改善民生"基本原则。报告指出，必须多谋民生之利、多解民生之忧，在发展中补齐民生短板、促进社会公平正义，在幼有所育、学有所教、劳有所得、病有所医、老有所养、住有所居、弱有所扶上不断取得新进展，深入开展脱贫攻坚，保证全体人民在共建共享发展中有更多获得感。

第四，在新时代，人民要求更可靠的人权保障，不仅要求通过广泛的人权教育和具体的人权政策来维护和保障人权，而且要求通过国家立法、执法、司法和守法使人权得到可以明确预期的法治保障。对此，十九大报告明确提出要"加强人权法治保障"，"深化依法治国实践"，"坚持厉行法治，推进科学立法、严格执法、公正司法、全民守法"。同时，报告多次强调要"加强人民当家作主制度保障"，指出要"健全人民当家作主制度体系，发展社会主义民主政治"；"发展社会主义民主政治就是要体现人民意志、保障人民权益、激发人民创造活力，用制度体系保证人民当家作主"，等等。

第五，在新时代，人民需要更国际化的人权保障。随着中国的开放和富裕，更多的中国人走出国门，其他国家的状况也越来越多地影响到中国人民的生活，中国人民的人权需要更加国际化的保障。对此，十九大报告提出"倡导构建人类命运共同体，促进全球治理体系变革"；"我们呼吁，各国人民同心协力，构建人类命运共同体，建设持久和平、普遍安全、共同繁荣、开放包容、清洁美丽的世界"。

人民对人权保障的更高层次的需求，就是中国人权事业发展的目标和方向。十九大报告对新时代中国人民人权新需求的全面回应，将使中国人权事业迈向一个新阶段。

（作者为南开大学人权研究中心主任）

《人民日报海外版》（2017年11月25日第01版）

百年新变局 中国新时代

阮宗泽

2018年是落实党的十九大精神的开局之年,是中国改革开放40周年。"放眼世界,我们面对的是百年未有之大变局。"习近平主席近日在接见2017年度驻外使节工作会议代表时如是说。在这场大变局中,中国不是旁观者,而是时不我待的建构者。时代的呼唤和国家的发展要求我们敏锐捕捉时代潮流和国际大势,深入推进中国特色大国外交,不忘初心,激流勇进,确保迎来新的中国时刻。

当今国际格局之演变体现于世界多极化加速发展,国际格局日趋均衡,国际潮流大势不可逆转。这是时代进步,是历史必然,也是战略机遇。多极化不断推进,更加均衡协调的国际格局有利于国际关系的民主化,有利于维护世界的和平稳定,有利于促进全球的繁荣发展。

西方的平庸让"后西方"秩序不再遥远。西方内生危机加重,国内政治、经济、社会、文化等严重撕裂,抱残守缺,故步自封,积重难返,制度创新遭遇瓶颈。冷战结束一度让西方欣喜若狂,"历史终结"的喧嚣不绝于耳,醉心于"不战而胜"。山姆大叔如释重负,尽情享受"历史的假期",并接连发动战争,热衷对外干涉,搞政权更迭。然而,2008年金融海啸呼啸而来,摧枯拉朽,留下至今的满目疮痍。欧洲一体化的气泡被戳破,多重危机叠加,内外交困,跌入"过度扩张"的陷阱,英国式的"娜拉出走"再添新愁;日本挣扎徘徊,迷失方向。于是有人打出"自我优先"、民粹主义、保护主义旗号,大搞双重标准,对国际多边机制说"不"。今后不排除一些国家为转移国内矛盾而在外寻找替罪羊，制造紧张，挑起冲突。

与此形成鲜明对照的是，新世纪以来一大批新兴市场国家和发展中国家快速发展。新兴经济体群体性崛起为全球治理提供新的选择。面对百年一遇的金融危机，不可一世的"七国集团"自顾不暇，对自己闯的祸无所作为。拯救世界经济的重任落到了有众多新兴经济体参与的"二十国集团"肩上。它也不负众望，已经崛起为全球经济治理的主要平台。国际金融危机爆发以来，以金砖国家为代表的新兴经济体表现卓著，成为世界经济复苏的重要引擎，贡献率远超发达国家。新兴经济体和发展中国家为全球治理献计献策，积极作为，加强互利合作，奋力推动全球经济联动、包容发展，创新区域合作与多边合作模式，为世界提供新的动力，牵引全球经济迈向更加开放的发展阶段。

新时代中国的表现格外抢眼，成为一个崭新的坐标。一系列中国方案应运而生并化身为国际共识，"一带一路"建设取得了前所未有的重大成就，成为广受欢迎的国际公共产品。中华民族迎来了从站起来、富起来到强起来的伟大飞跃，中华民族伟大复兴的巨轮正乘风破浪，到本世纪中叶中国将成为社会主义现代化强国。作为占世界人口五分之一的超大型经济体，中国有智慧、有能力、有信心持续实现高质量发展，创造人类发展史上的奇迹。这是中国的机遇，同样是世界的机遇。

（作者为中国国际问题研究院常务副院长、研究员）

《人民日报海外版》（2018年01月01日第01版）

2017,最难忘"新时代"这个词

叶小文

12月28日,中共中央总书记、国家主席、中央军委主席习近平在人民大会堂接见回国参加2017年度驻外使节工作会议的全体使节并发表重要讲话。讲话中,他多次提到"新时代"。

经过长期努力,中国特色社会主义进入了新时代,这是中国发展新的历史方位。习近平总书记在中共十九大报告中,从3个角度对"新时代"作出阐述。

从中华民族意义上来说,意味着近代以来久经磨难的中华民族迎来了从站起来、富起来到强起来的伟大飞跃,迎来了实现中华民族伟大复兴的光明前景。

从社会主义角度来讲,意味着科学社会主义在21世纪的中国焕发出强大生机活力,在世界上高高举起了中国特色社会主义伟大旗帜。

对世界广大发展中国家来说,意味着中国特色社会主义道路、理论、制度、文化不断发展,拓展了发展中国家走向现代化的途径,给世界上那些既希望加快发展又希望保持自身独立性的国家和民族提供了全新选择,为解决人类问题贡献了中国智慧和中国方案。

现在,中国正处在从大国走向强国的关键时期。新征程上,不可能都是平坦的大道,我们将会面对许多重大挑战、重大风险、重大阻力、重大矛盾。

纵览其他国家发展历史,不难发现,一步走错功亏一篑、积重难返的教训不少。百年之前,美国和阿根廷的人均GDP都在4000美元左右,而现在的发展水平差距明显。世界银行警告:"在过去50年中……世界上最失落的地区当属拉丁美洲,它的很多国家在达到中等收入水平后,停止了增长。"这就是所谓的"拉美陷阱"。国际经验表明,人均GDP在3000美元至1万美元阶段,既是中等收入国家向中等发达国家迈进的机遇期,又是矛盾增多、爬坡过坎的敏感期。这一阶段,经济容易失调,社会容易失序,心理容易失衡。

此外,还有所谓"修昔底德陷阱",即指一个新崛起大国必然要挑战守成大国,而守成大国也必然会回应这种威胁,战争变得不可避免。习近平总书记斩钉截铁地说,我们都应该努力避免陷入"修昔底德陷阱",强国只能追求霸权的主张不适用于中国,中国没有实施这种行动的基因。

机遇前所未有,挑战也前所未有。在这种历史条件下,更需**戮**力同心,撸起袖子加油干。

回眸2017,"新时代"这个词让人难忘。一元复始,万象更新。新时代要有新气象,更要有新作为。正所谓,"荡胸生层云,决眦入归鸟。会当凌绝顶,一览众山小"。展望2018,中国将积极应对新挑战,勇于担当新使命,促进工作迈出新步伐,事业出现新进展,生活充满新期待。

(作者为本报特约评论员、中共十八届中央委员)
《人民日报海外版》(2017年12月29日第01版)

幸福在奋斗的新时代

杨一枫

"新时代是奋斗者的时代。"国家主席习近平在2018年春节团拜会上如是说。

"奋斗",成为新时代的主题词,激励着我们新春伊始就要脚踏实地、砥砺奋进,撸起袖子加油干。

回首一载里,都是春消息。2017年10月,中国共产党第十九次全国代表大会在北京胜利召开,"不忘初心,牢记使命,高举中国特色社会主义伟大旗帜"举世皆知。这初心,这使命,就是"为中国人民谋幸福,为中华民族谋复兴"。十九大精神犹如春风,吹遍神州大地,吹入千家万户。

我们的新春是富裕的!2017年,中国国内生产总值迈上80万亿元人民币的台阶,城乡新增就业1300多万人,社会养老保险已经覆盖9亿多人,基本医疗保险已经覆盖13.5亿人,又有1000多万农村贫困人口实现脱贫。

我们的新春是祥和的!2017年,中国自主设计建造的航空母舰出坞下水;中国自主研制的C919大型客机飞上云霄;朱日和沙场夏点兵,军风如铁,让人激情澎湃;庆祝香港回归祖国20周年文艺晚会"拥抱着"幸福和热泪。

我们的新春是幸福的!

"幸福都是奋斗出来的。"这些成绩,同党和人民长期奋斗的成就一起,像涓涓细流汇成江海,推动"中国号"巨轮驶入新的水域。

"从十九大到二十大,是'两个一百年'奋斗目标的历史交汇期。我们既要全面建成小康社会、实现第一个百年奋斗目标,又要乘势而上开启全面建设社会主义现代化国家新征程,向第二个百年奋斗目标进军。"

今天的中国,新春的中国,令人陶醉;未来的中国,令人神往。贯穿其中的就是奋斗。

"奋斗本身就是一种幸福。"我们幸福着,幸福在奋斗的新时代。

(作者为本报主任编辑)

《人民日报海外版》(2018年02月15日第01版)

不断贡献中国智慧和力量

世界需要中国这样的领导力量

王 栋

4月10日,习近平主席出席博鳌亚洲论坛2018年年会开幕式并发表主旨演讲,深刻总结中国改革开放的伟大成就、重要经验和启示、世界意义和影响,提出一系列新的改革开放重大举措,向世界宣示了新时代中国坚定不移深化改革、扩大开放的坚定意志和坚强决心。参加博鳌亚洲论坛的国际货币基金组织总干事拉加德认为:习近平主席的演讲为当今世界增加了确定性和希望。世界需要像中国这样的领导力量。

习近平主席在博鳌发表演讲之际,正是国际体系整体的不确定性上升的时刻,是逆全球化论调甚嚣尘上的时刻,是贸易保护主义暗潮汹涌的时刻,应该说,当今世界的不确定性正在加剧,不稳定因素正在聚集。整个国际社会面临地区冲突、恐怖主义、贫困问题、气候变化、重大的传染病跨国扩散等各种地区性和全球性的挑战。

面对世界不确定性的加剧,国际社会上各种悲观主义论调流行,不少人认为全球化已经终结,世界进入逆全球化和地缘政治回归的阶段。习近平主席的演讲明确否定了这些悲观主义论调,为整个世界注入了确定性的、包容性的力量。

第一,从世界发展趋势的判断来看,习近平主席指出当今世界发展的三个大的潮流是和平合作、开放融通、变革创新。第二,习近平主席明确表示,"中国开放的大门不会关闭,只会越开越大",并提出扩大开放的四个重大举措:大幅度放宽市场准入、创造更有吸引力的投资环境、加强知识产权保护、主动扩大进口。这给国内外市场发出非常确定的信号。第三，习近平主席在演讲中还提出"五个面向未来"，实际上是在谈构建人类命运共同体的五个支柱。第四，习近平主席指出"一带一路"源于中国，属于世界，中国持开放、包容、透明的心态，"不打地缘博弈小算盘，不搞封闭排他小圈子，不做凌驾于人的强买强卖"，真正旨在把"一带一路"建成经济全球化时代最广泛的国际合作平台。

习近平主席的演讲明确对贸易保护主义、对以邻为壑、对零和的冷战思维说不，为外界提供了一个非常重要的再保证，为世界提供更多的确定性。

面对"逆全球化"的问题，中国的答案是全球化并没有停止。事实上，全球化已经进入扩容升级的新阶段，我们可以称之为"再全球化"的过程，而中国已经成为引领"再全球化"进程的主要力量之一。现在世界的趋势，不是"逆全球化"，而是"再全球化"。"再全球化"的故事是中国与世界共同发展进步的故事。随着中国和世界相互依存的不断加深，中国将通过自身和平发展为世界提供更大的机遇。

正如英国《卫报》10日报道，习近平演讲后，亚洲股市跳涨，日经指数、上证指数、香港恒生指数无一例外受到鼓舞，晚间美国股市也跳空高开。习近平主席的演讲，带来了确定性和希望，对趋势非常敏感的市场来说，这是一针强心剂。

当全球不确定性增加时，中国引领"再全球化"进程，为世界带回确定性。作为一个新兴大国，中国是全球化规则的参与者。而另一方面中国改革开放所释放的国际影响力，正在极大地促进全球化进程。

(作者为北京大学中美人文交流研究基地执行副主任)
《人民日报海外版》（2018年04月13日第02版）

让世界共享"新时代"

贾秀东

习近平总书记在十九大报告中宣告:"中国特色社会主义进入了新时代。""新时代"既标明了中国发展新的历史方位,又勾画了中国与世界互动的新的前景。这个"新时代"不仅是中国的,也属于世界。

进入"新时代",世界将看到中国"从站起来、富起来到强起来"的巨大转变。过去5年,中国经济保持中高速增长,在世界主要国家中名列前茅,国内生产总值从54万亿元增长到74万亿元,稳居世界第二,对世界经济增长贡献率超过30%。中国的经济实力、科技实力、国防实力、综合国力已步入世界前列。未来,中华民族将以更加昂扬的姿态屹立于世界民族之林。

进入"新时代",世界看到中国日益走近国际舞台中心,不断为全球和平发展做出重大贡献。过去5年,中国全方位外交布局深入展开,走出一条中国特色大国外交之路,为自身发展营造了良好外部条件,也促进了世界的和平稳定与繁荣。中国的国际影响力、感召力和塑造力进一步提高,国际地位实现前所未有的提升。未来,中国将不断为人类做出更大贡献。

进入"新时代",中国的发展潜力将给世界带来新的前所未有的发展机遇。从现在起到本世纪中叶,从中国全面建成小康社会,到基本实现社会主义现代化,再到建成社会主义现代化强国,这一发展蓝图既意味着中国人民基本实现共同富裕、享有更加幸福的生活,也意味着中国有更大能力和动力牵引全球经济增长,促进世界共同发展。

进入"新时代",中国的外交实践将为国际政治注入新的更强大的正能量。中国特色大国外交是中共十九大确立的习近平新时代中国特色社会主义思想的重要组成部分，其总目标就是要高举构建人类命运共同体的旗帜，推动建设"相互尊重、公平正义、合作共赢的新型国际关系"。新时代中国外交旨在摒弃传统的以强凌弱的丛林法则、我赢你输的零和游戏，建设"持久和平、普遍安全、共同繁荣、开放包容、清洁美丽"的世界。

进入"新时代"，中国的文明进步将为人类社会提供新的具有吸引力的选择。中国发展既借鉴世界一切优秀文明成果，又坚持走符合自己国情的道路，并取得成功，为广大发展中国家走向现代化展示了新的可选途径，给世界上那些既希望加快发展又希望保持自身独立性的国家和民族提供了全新参照。中国发展不照搬他人模式，也始终尊重和鼓励各国根据自己的国情选择各自发展道路，同时也愿为人类文明进步做出具有东方智慧的贡献。

进入"新时代"，中国与外部世界的互动模式将发生新的深刻变化。和平与发展仍然是时代主题，世界的大发展大变革大调整离不开中国与世界的良性互动。习近平指出，"我们生活的世界充满希望，也充满挑战。我们不能因现实复杂而放弃梦想，不能因理想遥远而放弃追求。没有哪个国家能够独自应对人类面临的各种挑战，也没有哪个国家能够退回到自我封闭的孤岛"。坚持走和平发展道路，把世界的机遇转变为中国的机遇，把中国的机遇转变为世界的机遇，在中国与世界各国良性互动中推动构建人类命运共同体，这是中国的战略选择和奋斗目标。中国处于新的历史方位，做出了新的时代布局，外部世界也需要调整看待中国的角度，做出与时俱进的时代选择。

进入"新时代"的中国，有信心、有能力建设好自己的国家，而且有信心、有能力让世界共享这个"新时代"。这是中共十九大向世界传递的一个强烈信号。

(作者为本报特约评论员、中国国际问题研究院特聘研究员)
《人民日报海外版》（2017年10月22日第01版）

中共领导力是世界之福

王义桅

习近平总书记在十九大报告中指出,中国特色社会主义进入新时代,意味着中国特色社会主义道路、理论、制度、文化不断发展,拓展了发展中国家走向现代化的途径,给世界上那些既希望加快发展又希望保持自身独立性的国家和民族提供了全新选择,为解决人类问题贡献了中国智慧和中国方案。

透过十九大报告,世界更加清晰地看到中国发展的蓝图,也更加迫切地期待分享中国发展的红利。

中共领导力是世界之福,这是国际媒体的共同感慨。

——以人民为中心的发展理念,推动全球化朝开放包容普惠平衡可持续方向发展。在中国共产党领导下,全国人民一心一意谋发展,聚精会神搞建设,久久为功,步步为营,7亿多人脱贫致富,对世界脱贫的贡献率超过70%以上。中国倡建亚洲基础设施投资银行,让金融服务于实体经济,消除资本全球化导致的热钱泛滥,增强老百姓对全球化的参与感、获得感、幸福感,因此获得了包括西方发达国家在内的国际社会的积极响应和参与。反观西方社会,民粹主义泛滥,根源就在新自由主义全球化造成的贫富差距和全球化动力不足。正是本着为世界人民谋福利的胸怀,中国提出共商共建共享的全球治理理念,并将其确立为"一带一路"建设的原则,被写进了联合国决议。

——以改革为动力的政治气魄,增强了世界的确定性。当今世界,改革是各种文明、各种发展模式适应和应对世界不确定性的不二选择,区别在于真改革还是假改革，改得动还是改不动，愿不愿意改。意识到自己要改变，打着改革旗号上台，在西方政坛已是政治时髦，然而真正能有中共壮士断腕般反腐勇气和全面深化改革执行力的，几乎没有。面对世界的不确定性，中国共产党的长远规划力、引领力、执行力，可以助力世界走出危机，推动世界结构性改革。

——以人类为视野的使命担当，建设新型国际关系和人类命运共同体。世界好，中国才能好；中国好，世界才更好。中国共产党是为中国人民谋幸福的政党，也是为人类进步事业而奋斗的政党。中国共产党始终把为人类作出新的更大贡献作为自己的使命。正是根据这一基本理念，十九大报告明确指出，中国特色大国外交，要推动建设"相互尊重、公平正义、合作共赢"新型国际关系，建设"持久和平、普遍安全、共同繁荣、开放包容、清洁美丽"的世界，推动构建人类命运共同体。这就超越了国别、党派和制度，反映了大多数国家的普遍期待，符合国际社会的共同利益，使中国的外交政策和理念占据了人类道义的制高点。

当然，中国的发展成就是学习借鉴人类一切优秀文明，弘扬中华文明兼收并蓄、融会贯通精神的结果，是改革开放的产物。中国共产党领导力最根本的遵循，就是在领导中国实现传统性与现代性完美结合的同时，还具有全球性眼光。世界帮助中国，中国回馈世界。中国共产党不仅是为中国人民服务的政党，也越来越为世界人民服务了。

(作者为中国人民大学"欧盟让·莫内讲席"教授、国际事务研究所所长)
《人民日报海外版》（2017年10月27日第01版）

习近平演讲　施瓦布缘何盛赞

华益声

4月16日，国家主席习近平会见世界经济论坛主席施瓦布。施瓦布高度赞扬习主席在2017年世界经济论坛年会上和博鳌亚洲论坛2018年年会开幕式上的两次演讲。

施瓦布首先肯定的是中国对人类前景进行的议程设置。今年1月世界经济论坛2018年年会举行之际，施瓦布就提出，年会主题定为"在分化的世界中打造共同命运"，意在继续顺承习近平主席去年在论坛主旨演讲中提到的"共建人类命运共同体"的主张。

人类命运共同体是"五位一体"的设计，旨在共创和平、安宁、繁荣、开放、美丽的亚洲和世界。习主席在博鳌的演讲进一步指明了各国人民携手同行的方向：相互尊重、平等相待，对话协商、共担责任，同舟共济、合作共赢，兼容并蓄、和而不同，敬畏自然、珍爱地球。五位一体协调发展，各国人民才能面向未来，将对美好生活的向往变为现实。同时，中国坚持世界命运应该由各国共同掌握，国际规则应该由各国共同书写，全球事务应该由各国共同治理，发展成果应该由各国共同分享。施瓦布对人类命运共同体理念的支持再次证明，习主席提出的推动构建人类命运共同体的倡议顺应历史潮流，增进人类福祉，得到越来越多国家和人民欢迎和认同，正在成为更为广泛的国际共识。

作为世界经济论坛创始人兼执行主席，施瓦布格外关注中国对世界经济发展的贡献。中国自身发展成就举世瞩目。中国是世界第二大经济体、第一大工业国、第一大货物贸易国、第一大外汇储备国。2017年，中国经济以6.9%的增速在全球主要经济体中一枝独秀，对世界经济增长的贡献率约30%，仍是举足轻重的稳定器与压舱石。

在当前经济全球化和多边贸易体制面临挑战之际，中国的政策走向将对世界产生重大影响。施瓦布见证了中国坚定主张构建开放型世界经济的积极态势。习主席在博鳌亚洲论坛的演讲中阐述了中国扩大对外开放的政策走向和重大举措，包括大幅度放宽市场准入，创造更有吸引力的投资环境，加强知识产权保护，主动扩大进口。各项举措正在迅速落地。习近平总书记郑重宣布党中央支持海南全岛建设自由贸易试验区的决定，成为"中国开放的大门不会关闭，只会越开越大"的又一实际印证。施瓦布由衷钦佩，认为中国为世界各国合作发展指明了前进方向，注入了强劲动力。

中国坚持维护世界和平发展进程，发挥负责任大国作用，赢得更广泛支持。施瓦布表示，世界经济论坛对过去40年来与中国的合作感到自豪，愿在支持推进"一带一路"建设，促进创新发展等方面同中国加强长期合作，为加强全球治理体系，推动解决世界性问题共同作出努力。这既是重要国际组织对中国开放合作努力的高度评价，也是未来与中国相向而行的立场宣示。得道多助，中国的全球化之路将更加宽广平坦。

（作者为国际问题专家）

《人民日报海外版》（2018年04月18日第01版）

中国：从"追随者"到"引领者"

庆 新

11月11日，亚太经合组织（APEC）第二十五次领导人非正式会议在越南岘港举行，21个经济体的领导人将共商亚太合作大计，议题之一是互联网和数字经济。就在同一天，中国的亿万网民将欢庆一场电子商务盛宴——"双十一"购物狂欢节。"双十一"这天，从领导人会议议程到民众消费日程，都与互联网息息相关，这个奇妙的巧合折射出了亚太互联网经济发展的蓬勃之势。

11月10日，国家主席习近平在出席APEC工商领导人峰会并发表主旨演讲时提出，深化互联网和数字经济合作，引领全球创新发展的方向。

事实上，作为全球经济的先行者、引领者和开拓者，APEC在互联网经济领域的探索由来已久。早在上世纪90年代，APEC领导人就作出面向21世纪推进信息技术发展的战略决策，并率先推动在世贸组织框架下的信息技术协定谈判。近年来，信息通讯技术突飞猛进，新一轮科技革命大幕拉开，互联网在太平洋两岸掀起波澜壮阔的经济变革。APEC成员不约而同地将互联网和数字经济置于优先发展的战略位置，纷纷出台互联网和数字经济发展规划。这是一场面向未来前沿领域的急行军，各经济体迈出的坚实步伐，在亚太范围内产生了共振。

在推动互联网和数字经济蓬勃发展的同时，APEC成员日益重视应对技术变革带来的挑战。面对网络基础设施分布不均衡、信息技术发展不平衡的现状，各经济体希望加强沟通交流，努力提升民众信息数字技能，消弭数字鸿沟，分享技术创新成果。针对用户隐私与数据泄露、网络安全等隐患，各方需要通力合作，交流政策和技术经验，营造清朗的网络空间，让广大人民群众能够踏踏实实地享受到数字经济的红利。

3年前，2014年11月11日，APEC第二十二次领导人非正式会议在北京雁栖湖畔举行。会议正值APEC成立25周年，面临着如何在后金融危机时代巩固亚太增长引擎地位、挖掘经济新动能的艰巨任务。作为APEC会议东道主，中国主动提出并推动会议通过《促进互联网经济合作倡议》，把互联网经济引入APEC议程。值得一提的是，2014年恰逢中国正式接入互联网20周年，完成了从"追随者"向"引领者"的转变。

北京会议之后，APEC成员积极开展相关经验交流、政策对话、能力建设，推动互联网技术与经济社会发展融合，中国的表现尤其令人瞩目，推动并引领着APEC成员的紧密合作和发展方向。

今年5月，习近平主席在"一带一路"国际合作高峰论坛开幕式上指出，我们要坚持创新驱动发展，加强在数字经济、人工智能、纳米技术、量子计算机等前沿领域合作，推动大数据、云计算、智慧城市建设，连接成21世纪的数字丝绸之路。这充分体现了中国对互联网和数字经济发展的重视。

中共十九大，擘画了未来一个时期中国发展的宏伟蓝图。习近平总书记在报告中指出，推动互联网、大数据、人工智能和实体经济深度融合。我们相信，推动"数字中国"的实现，必将为中国经济转型升级插上翅膀，也将为亚太增长动能的转换带来前所未有的机遇。

风正好扬帆。我们期待，本次APEC领导人非正式会议，就互联网和数字经济合作制订长远规划，在互联网基础设施、科技和服务创新、电子商务、包容性等优先领域提出具体举措，为构建发展创新、增长联动、利益融合的开放型亚太经济注入新动力。

(作者为国际问题观察员)
《人民日报海外版》（2017年11月11日第01版）

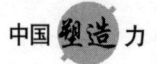

全球为何关注中国反腐败

严 冰

近日,习近平总书记的反腐讲话引起全球关注。1月22日,英国广播公司、英国《卫报》网站报道:"习近平发誓在反腐运动中既打'老虎'也打'苍蝇'。"23日,新加坡《联合早报》报道:"习近平再度展示反腐决心。"并引用分析人士的话指出:"尤其是提出'把权力关进制度的笼子',可谓切中腐败顽疾的要害。"……全球为何如此关注中国反腐?

首先,对于各国尤其大国反腐话题,全世界始终关注。世界上,几乎没有任何一个国家能让腐败绝迹,没有任何一种制度可以确保零腐败。目前,中国走出了一条中国特色社会主义道路,形成了中国特色社会主义理论体系,制定了中国特色社会主义制度,这条道路、这个理论、这些制度能够有效预防惩治腐败吗?对于资本主义国家都没治好的腐败这个"社会癌症",中国能开出更好的药方吗?有的人不以为然,有的人信心不足,有的人冷眼旁观,更多人在拭目以待。

其次,世界对十八大后的"中国新政"极为期待。十八大后,中国"风向明显变化",各国普遍对中国"新风"紧密观望,而"铁腕反腐"即为"新风"之一。不争的事实是,在一些未必公允的政府廉政排行榜中,中国排名并不靠前。中国此次反腐,能否改变这种格局?在"道路自信""理论自信""制度自信"之后,中国能否确立新的"反腐自信"?这个答案,中国关注,世界也期待。

最后,世界看到了中国"铁"的决心,更期待中国"铁"的行动。开弓没有回头箭，言出必行。海外媒体热议习总书记讲话时，频频强调其中透露出的"动真格""出实招""逮老虎"等强烈信号。

世界关注中国如何动真格。"要以踏石留印、抓铁有痕的劲头抓下去，善始善终、善做善成，防止虎头蛇尾，让全党全体人民来监督，让人民群众不断看到实实在在的成效和变化。"只有动真格，才能赢得民心，消解民怨。最近，对于群众反映的腐败问题，既有数十小时就给出"秒杀"式反馈的"霹雳手段"，也有拖了月余迟迟不公布调查结果的"烂尾工程"。要动真格，"烂尾工程"必须根治，而不是拖拉应付。对此，各地各部门必须有心理准备。

世界关注中国如何出实招。"要加强对权力运行的制约和监督，把权力关进制度的笼子里，形成不敢腐的惩戒机制、不能腐的防范机制、不易腐的保障机制。"打铁还需自身硬，抓"老虎"需要"铁笼子"。这个笼子，就是制度，就是实招。只有出实招，才能让各级领导干部牢记，任何人都没有法律之外的绝对权力。这个实招，尤其要加强对一把手的监督，保证领导干部做到位高不擅权、权重不谋私。

世界关注中国如何逮"老虎"。"从严治党，惩治这一手决不能放松。要坚持'老虎''苍蝇'一起打……要坚持党纪国法面前没有例外，不管涉及到谁，都要一查到底，决不姑息。"日前，中共对李春城等省部级官员的查处，就向世界表明，不论什么人，不论其职务多高，只要触犯了党纪国法，都要受到严肃追究和严厉惩处，这，决不是一句空话。

中共十八大后，从省部级官员的落马，到网络反腐接力，反腐既有新动作，也有新成效，引发了人们的新期待，这当然也包括海外舆论在内。相信，中共有决心也有能力，会让人们的期待更扎实地落地。

(作者为本报高级编辑)

《人民日报海外版》（2013年01月25日第01版）

中国智慧照亮第二个"金色十年"

苏晓晖

9月3日下午,金砖国家工商论坛开幕式举行,习近平主席出席开幕式并发表主旨演讲,针对金砖合作提出中国倡议:深化金砖合作,助推五国经济增加动力;勇担金砖责任,维护世界和平安宁;发挥金砖作用,完善全球经济治理;拓展金砖影响,构建广泛伙伴关系。

观察金砖合作发展,有两个维度十分重要。一是要把金砖合作放在世界发展和国际格局演变的历史进程中来看。二是要把金砖合作放在五国各自和共同发展的历史进程中来看。中国对金砖合作的贡献、倡议,都是为了构建以合作共赢为核心的新型国际关系,契合习主席提出的"人类命运共同体"理念。

中国坚持金砖合作的"伙伴关系"定位。实践证明,建立结伴不结盟的新关系,金砖合作超越了政治和军事结盟的老套路。本次会晤的主题应时而生,"深化金砖伙伴关系,开辟更加光明未来"。在内部,金砖国家不搞一言堂,凡事大家商量着办。对外关系中,金砖不封闭、不排他,强调和而不同。中国更鼓励"金砖+"合作模式,旨在打造开放多元的发展伙伴网络,使金砖合作在新兴市场国家和发展中国家有更广泛的代表性,同时获得国际社会更有力的支持。

中国推动金砖合作以完善全球治理。中国主张建设开放型世界经济,促进贸易和投资自由化便利化,合力打造新的全球价值链,实现经济全球化再平衡,服务各国民众利益。正如习主席强调的,新兴市场国家和发展中国家的发展，不是要动谁的奶酪，而是要努力把世界经济的蛋糕做大。金砖国家还应关注气候变化等事关全人类生存和发展的重大问题，在国际事务中发挥更加积极主动的作用。

中国促进金砖合作关注世界和平与安全。中国认为，世界各国将成为更加利益交融的命运共同体，也面临更加纷繁复杂的全球性挑战。习主席强调，金砖国家是世界和平的维护者、国际安全秩序的建设者。各国要坚持共同、综合、合作、可持续的安全观，通过对话协商和平解决争端，避免动辄使用武力或以武力相威胁。不能为了小团体利益影响他国乃至地区的安全，要致力于营造各国共享安全的新局面。

中共十八大以来，中国日益走近世界舞台中心。中国举办的多次主场外交活动都成为世界瞩目的盛会。从2016年的二十国集团杭州峰会，到今年5月举行的"一带一路"国际合作高峰论坛，再到此次金砖国家领导人第九次会晤，每一次活动中，"中国智慧""中国声音""中国方案"都备受关注和期待。

今年对于金砖合作具有特别意义。2017年，金砖合作进入第二个十年。环顾当今世界，国际形势变化复杂，世界经济复苏并不稳定，单边主义倾向逆流而动，地区热点问题此起彼伏。在此背景下，金砖国家期待中国贡献智慧，发挥引领作用，规划金砖合作发展方向。

此次金砖国家领导人厦门会晤，中国还将为金砖合作注入更多动能，以实际行动证明，金砖国家不是碌碌无为的清谈馆，而是知行合一的行动队。中国智慧将再次为各国提供和谐相处、共谋发展的新思路、新选择，照亮金砖合作第二个"金色十年"。

(作者为中国国际问题研究院国际战略研究所副所长)
《人民日报海外版》（2017年09月04日第01版）

中国新时代　世界新机遇

王义桅

11月23日,中国国家主席习近平同来华进行国事访问的吉布提总统盖莱举行会谈。盖莱表示,感谢中国多年来对吉布提的帮助和支持;吉方赞赏中方积极参与联合国维和行动及打击海盗国际合作,感谢中国为世界和平与繁荣发挥的关键作用。赞赏中国长期以来,甚至在自身还很贫穷落后的时候就为非洲的安全与发展作出了贡献。

盖莱说出了很多人的心声。无论贫困落后时期,还是日益富强之后,中国一直为世界贡献正能量,提供发展机遇。十九大报告指出,中国特色社会主义进入新时代。中国"新时代",是中国"日益走近世界舞台中央、不断为人类作出更大贡献的时代"。中国共产党的十九大,勾画了中国走向富强民主文明和谐美丽的社会主义现代化强国的宏伟蓝图。在新时代,中国更会为世界提供新机遇。

一是中国更加开放带来全球化新红利。十九大报告提出,开放带来进步,封闭必然落后。中国开放的大门不会关闭,只会越开越大。未来15年,中国市场将进一步扩大,发展将更加全面。预计将进口24万亿美元商品,吸收2万亿美元境外直接投资,对外投资总额将达到2万亿美元。当今世界格局出现显著变化,逆全球化潮流涌动。而中国成为对外投资大国和进口大国,给全球化带来巨大信心。国际金融危机爆发以来,中国经济增长对世界经济增长的贡献超过美国、日本和欧盟的总和。中国经济结构转型和中高速增长,欢迎各国搭乘中国发展的"快车""便车",给世界带来更多合作共赢机会，助推世界经济结构性改革。

二是中国社会主要矛盾转化带来合作新机遇。我国社会主要矛盾已经转化为人民日益增长的美好生活需要和不平衡不充分的发展之间的矛盾。为满足人民日益增长的美好生活需要，中国正由高速增长阶段转向高质量发展阶段，坚定不移贯彻新发展理念，坚决端正发展观念、转变发展方式，发展质量和效益不断提升。这其中蕴含大量机遇。如"绿水青山就是金山银山"深入人心，给中国与世界的环境、科技合作提供契机。

三是中国担当带来更多公共产品供给。中国共产党是为中国人民谋幸福的政党，也是为人类进步事业而奋斗的政党。中国共产党始终把为人类作出新的更大的贡献作为自己的使命。"一带一路"写进党章，预示着中国将为世界各国提供更多更好的公共产品，推动新型全球化和全球治理。国际形势客观上也需要中国在全球舞台上更加积极作为，提供公共产品。现在中国自身有能力，有责任，也有担当。

中国坚持推动构建人类命运共同体，始终做世界和平的建设者、全球发展的贡献者、国际秩序的维护者。习近平新时代中国特色社会主义思想是马克思主义中国化的最新成果，新时代中国特色社会主义的伟大实践，不仅将使中华民族以更加昂扬的姿态屹立于世界民族之林，也将给世界带来前所未有的机遇和福祉。

（作者为中国人民大学"欧盟让·莫内讲席"教授、国际事务研究所所长）
《人民日报海外版》（2017年11月24日第01版）

中共带给世界自信

王义桅

中国共产党与世界政党高层对话会将于11月30日至12月3日在北京举行。中共中央总书记、国家主席习近平将出席开幕式并发表主旨讲话。此次对话会主题为"构建人类命运共同体、共同建设美好世界：政党的责任"。

这是中国共产党首次与全球各类政党举行高层对话，在中共历史上具有开创性意义，在世界政党史上也具有突破性意义。

中国共产党不仅有自己的道路自信、理论自信、制度自信、文化自信这"四个自信"，也带给世界多种自信——

自主探索的自信。中国特色社会主义政治制度是中国共产党和中国人民的伟大创造。在中国成功之前，西化几乎是一些国家的唯一选择，它们将华盛顿共识奉为圭臬，很少有国家相信自主探索发展道路能够最终成功。当前，在西方普遍遭遇民粹主义、民族主义冲击，政党政治、政治文明大滑坡之际，世界从中国身上看到，各国应走符合自身国情的发展道路。这还原了世界多样性，树立了人类政治文明的新自信。

社会主义自信。十九大报告指出，中国特色社会主义进入新时代，意味着科学社会主义在21世纪的中国焕发出强大生机活力，在世界上高高举起了中国特色社会主义伟大旗帜。中国特色社会主义进入新时代，意味着中国特色社会主义道路、理论、制度、文化不断发展，拓展了发展中国家走向现代化的途径，给世界上那些既希望加快发展又希望保持自身独立性的国家和民族提供了全新选择。

全球化自信。十九大报告强调，各国人民要同舟共济，促进贸易和投资自由化便利化，推动经济全球化朝着更加开放、包容、普惠、平衡、共赢的方向发展。在"全球化"与"逆全球化"进程深度博弈的当下，"中国方案"将引领探索更加公平公正、包容普惠的全球化新理念，开拓全球化新道路。

全球治理自信。当今世界格局出现显著变化，国际形势客观上需要中国在全球舞台上更加积极作为。十九大报告明确强调要"坚持推动构建人类命运共同体""始终做世界和平的建设者、全球发展的贡献者、国际秩序的维护者"。报告对新型国际关系内涵做出界定——"相互尊重，公平正义，合作共赢"。这3个关键词旨在推动各国摈弃传统的以强凌弱的丛林法则，巩固大小国家一律平等这一中国外交的优良传统。世界命运握在各国人民手中，人类前途系于各国人民的抉择。中国人民愿同各国人民一道，推动人类命运共同体建设，共同创造人类的美好未来。

中国共产党是为中国人民谋幸福的政党，也是为人类进步事业而奋斗的政党。中国共产党始终把为人类作出新的更大的贡献作为自己的使命。中共给世界带来自信，而当这些自信转化为行动自觉，将进一步推动人类命运共同体的构建，推动一个更加美好世界的形成。

（作者为中国人民大学"欧盟让·莫内讲席"教授、国际事务研究所所长）

《人民日报海外版》（2017年11月28日第01版）

为构建人类命运共同体贡献"博鳌智慧"

陈须隆

面向世界,面向未来,习近平提出"人类命运共同体"这一重大理念,充分体现了世界级领导人的视野和担当。作为国家主席,他3次在博鳌亚洲论坛年会上发表主旨演讲,倡导和推动构建人类命运共同体,也为博鳌亚洲论坛赋予了新时代的崇高使命。正如联合国秘书长古特雷斯所言,博鳌亚洲论坛已成为实现全人类幸福尊严、实现人类命运共同体的重要平台。而习近平在博鳌亚洲论坛上的重要演讲也为世界前途命运提供了"中国智慧"和"中国方案"。

为人类命运勾画美好愿景。在博鳌亚洲论坛2013年年会上的主旨演讲中,习近平指出,我们生活在同一个地球村,应该牢固树立命运共同体意识,顺应时代潮流,把握正确方向,坚持同舟共济,推动亚洲和世界发展不断迈上新台阶。在博鳌亚洲论坛2015年年会上的主旨演讲中,习近平强调,亚洲越来越成为你中有我、我中有你的命运共同体;要通过迈向亚洲命运共同体,推动建设人类命运共同体。在博鳌亚洲论坛2018年年会上的主旨演讲中,习近平呼吁,各国人民同心协力、携手前行,努力构建人类命运共同体,共创和平、安宁、繁荣、开放、美丽的亚洲和世界。

为亚洲发展指示前行方向。在博鳌亚洲论坛2015年年会上,习近平发表题为《迈向命运共同体 开创亚洲新未来》的主旨演讲,确定了构建亚洲命运共同体的大方向和基本遵循。他强调,亚洲是世界的亚洲。亚洲要迈向命运共同体、开创亚洲新未来,必须在世界前进的步伐中前进、在世界发展的潮流中发展。

为全球未来提供全新路径。在博鳌亚洲论坛2018年年会上的主旨演讲中，习近平为构建亚洲和人类命运共同体提供了"五位一体"的总路径。简言之，政治上要走对话而不对抗、结伴而不结盟的国与国交往新路，安全上要走共同、综合、合作、可持续安全的新路，经济上要走开放融通、互利共赢的新路，文化上要走兼容并蓄、和而不同的新路，生态上要走生产发展、生活富裕、生态良好的文明发展新路。习近平还特别强调，要走开放共赢和变革创新的时代新路。

自中共十九大以来，中国推动构建人类命运共同体进入了一个崭新的阶段。十九大报告把坚持推动构建人类命运共同体作为新时代坚持和发展中国特色社会主义的基本方略之一，并写入新修改的《中国共产党章程》。通过修宪又将推动构建人类命运共同体写入宪法。这些重大举措颇具历史性，并且具有划时代意义。从此，推动构建人类命运共同体，不仅是习近平外交思想的核心与精髓，而且上升为党和国家的意志，充分体现了中国将自身发展与世界发展相统一的全球视野、世界胸怀和大国担当，成为新时代中国特色大国外交的鲜明标志。

作为推动构建亚洲和人类命运共同体的重要平台，博鳌亚洲论坛发挥了独特而重要的作用，得到了习近平主席的高度肯定。衷心希望博鳌亚洲论坛继续高扬推动构建亚洲和人类命运共同体的旗帜，汇聚"博鳌智慧"、打造"博鳌方案"，沿着习近平主席指明的方向和道路奋勇前行。

（作者为中国国际问题研究院国际战略研究所所长、研究员）

《人民日报海外版》（2018年04月16日第01版）

2018：世界都在说，中国话更实

贾秀东

在岁末年初、辞旧迎新之际，各国家、国际组织领导人纷纷发表讲话，谈希望，话挑战，彰显了和平与发展仍然是时代的主题。

联合国秘书长古特雷斯在致辞中表达了对世界和平"赤字"的忧虑，认为有必要在2018年元旦向世界发出一个"红灯警报"。他表示，一年前上任时曾呼吁让2017年成为和平的一年，但"遗憾的是，从根本上说，世界并未走向和平"。从世界范围看，2017年的世界经济与世界政治成了两股道上步伐不协调的马车。世界经济进入相对强势复苏的轨道，但在国际政治领域特别是地缘政治领域，各种不稳定不确定因素日益增多，诸多新问题新挑战层出不穷。

地处亚太地区的朝鲜半岛，在元旦之际出现了一丝从对抗走向对话的曙光。朝鲜最高领导人金正恩在新年贺词中表示，朝鲜有意派代表团参加将在韩国举行的平昌冬奥会，北南当局可以就此进行紧急会谈。第二天，韩国总统文在寅作出积极回应。为此朝韩刚刚恢复了板门店电话联络渠道。在朝鲜半岛经历了一段剑拔弩张的时期之后，朝韩利用新年和冬奥会之机互抛橄榄枝，值得赞赏和鼓励。当然，冰冻三尺，非一日之寒，半岛局势总是一波三折。朝鲜领导人与美国总统特朗普新年仍然不忘隔空"互怼"。但愿半岛示强与对抗的恶性循环能够被打破，让和平的曙光照亮对抗的黑洞。

在欧亚大陆的另一端，欧洲曾深受政治、经济、安全领域的"三重危机"叠加的影响。当前，经济有了复苏势头，但基础依然脆弱。政治动荡、恐袭频发的局面没有明显改观。振兴与团结，无疑成了欧洲国家领导人特别关心的议题。法国总统马克龙在新年贺词中重申继续推动改革的决心，称2018年法国将着力发展民生工程，呼吁法国民众支持他实现"法兰西的复兴"。默克尔在新年致辞中为德国的团结而担忧，呼吁本国民众保持团结。英国首相特雷莎·梅在贺词中聚焦英国"脱欧"，声称政府将与国民团结一致克服困难，2018年将成为英国"重拾自信和骄傲的一年"。俄罗斯总统普京则在新年贺词中强调"团结、友谊和对祖国无私的爱能使力量倍增"。

相比之下，中国领导人的新年贺词更有血有肉，不驰于空想，不骛于虚声，干货更多，内容更实，从小处心系民生冷暖，充满人民情怀；从大处着眼构建人类命运共同体，尽显天下担当。

习近平主席在贺词中引述了过去一年国计民生发展的一连串数字，这些实实在在又来之不易的数字带给人们的是更多的获得感、幸福感、安全感。习近平在贺词中也坦言：人民群众最关心的就是教育、就业、收入、社保、医疗、养老、居住、环境等方面的事情，大家有许多收获，也有不少操心事、烦心事。这样的话直抵人心，充满力量。

习近平在贺词中指出，"天下一家。中国作为一个负责任大国，也有话要说"。中国坚定维护联合国权威和地位，积极履行应尽的国际义务和责任，信守应对全球气候变化的承诺，积极推动共建"一带一路"，始终做世界和平的建设者、全球发展的贡献者、国际秩序的维护者。这番话凸显了中国作为世界大国的自信和风范。

和平与发展仍然是时代的主题，也依然任重而道远。正如习近平所说，幸福都是奋斗出来的。同样，世界的和平与发展也是奋斗出来的。中国对未来之路做出了战略抉择，世界各国也应在新的一年里思考和选择未来之路。

（作者为本报特约评论员、中国国际问题研究院特聘研究员）

《人民日报海外版》（2018年01月05日第01版）

中国机遇期也是世界机遇期

王义桅

习近平总书记1月5日在学习贯彻党的十九大精神研讨班开班式上发表重要讲话，鲜明指出，当前，我国正处于一个大有可为的历史机遇期。

中国共产党不仅是为中国人民谋幸福、为中华民族谋复兴的政党，也是为人类的进步事业而奋斗的政党。中国机遇期，也是世界机遇期。

和平、发展、合作、共赢是时代的潮流，也是中国外交高举的鲜明旗帜。中国的机遇期，通过和平、发展、合作、共赢的维度，转化为世界机遇期。

和平的机遇期。和平是前提，没有和平，发展、合作、共赢就变成空话；发展、合作、共赢也在捍卫和平、巩固和平。中国推行独立自主的和平外交政策，是派送联合国维和部队最多的国家。中国力量是和平力量，中国机遇是和平机遇。对世界热点问题，如巴以、阿巴、孟缅争端，中国劝和促谈，使之降温、稳定。对世界不稳定根源"贫困"，对内，中国通过脱贫致富、精准扶贫和共同富裕，逐步予以消除，对外，中国欢迎各国搭乘中国快车。

发展的机遇期。发展是解决一切问题的总钥匙。中国发展经过量的积累进入质的提升阶段，已经由高速增长阶段转向高质量发展阶段，中国巨轮正在驶出历史的峡谷，进入"海阔凭鱼跃"的宽广水域，是世界发展的动力源和压舱石。作为世界第二大经济体，中国经济增长对世界经济增长的贡献率超过美国、欧洲和日本的总和，科技进步对经济增长的贡献率已经超过

56%，消费对GDP增长的贡献率突破六成……中国通过创新、协调、绿色、开放、共享的发展理念推动世界发展转型。

合作的机遇期。联合国巴黎气候变化协议、伊朗核问题达成协议等，都是中国倡导、力推并与世界合作推动实现的。中国倡导和推进"一带一路"，让昔日"流淌着牛奶和蜂蜜的地方"再次为沿线各国人民带来福祉。"一带一路"成为当今世界最大的合作平台之一。中国倡导的相互尊重、公平正义、合作共赢的新型国际关系日益深入人心。

共赢的机遇期。从世界看，赢者通吃的竞争法则、零和博弈的思维导致"世界之乱"；合作共赢、改革开放的中国则呈现"中国之治"，两者形成鲜明对比，全球的目光正在东移，中国的风景成为越来越多国家的憧憬。人类命运共同体将共赢的理念从国与国上升到地区与地区、人与自然等高度，被联合国安理会、联合国大会及联合国专门机构写进其决议，成为国际共识。

和平、发展、合作、共赢的时代潮流和战略机遇，是通过改革开放来阐释的。中国机遇期，也是世界的机遇期，也主要通过改革开放的路径实现的。

改革的机遇。中国的改革推动世界的改革。从G20杭州峰会结构性改革的承诺，到中国共产党与世界政党高层对话会的改革信念，中国在世界上高举改革的大旗，以自身改革推动各国的改革、国际体系的改革。向改革要活力，向改革要机遇，成为各执政党和各国的共识。

开放的机遇。中国的开放推动世界的开放。在贸易、投资保护主义兴起，反全球化思潮盛行的世界，中国高举开放的大旗，促进贸易和投资自由化便利化，推动经济全球化朝着更加开放、包容、普惠、平衡、共赢的方向发展。

中国特色社会主义进入新时代，拓展了发展中国家走向现代化的途径，给世界上那些既希望加快发展又希望保持自身独立性的国家和民族提供了全新选择，为解决人类问题贡献了中国智慧和中国方案。

大有可为的机遇期，造福中国也造福世界。从增长贡献、贸易贡献，

到减贫贡献、绿色贡献，再到发展经验贡献、社会治理经验贡献，今天的中国，已经成为世界经济增长的主要动力源和稳定器，成为世界和平发展、人类文明进步的重要维护者和推动者。世界好，中国才能好；中国好，世界会更好。中国机遇期，也是世界的机遇期。

(作者为中国人民大学习近平新时代中国特色社会主义思想研究院副院长)

《人民日报海外版》 （2018年01月18日第01版）

中国进则世界进 中国好则世界好

胡鞍钢

国家统计局18日发布数据，2017年中国国内生产总值（GDP）827122亿元，比上年增长6.9%，实现2011年以来的首次回升。2017年中国经济稳中向好、好于预期，经济活力、动力和潜力不断释放，稳定性、协调性和可持续性明显增强。

相比经济增速，中国更看重发展质量，追求"稳中求进""稳中向好"。作为拉动世界经济增长的最大动力源，中国的"稳""进""好"，是世界之福。中国进则世界进，中国好则世界好。这一点在进出口贸易上体现充分。

2017年中国进出口贸易额大幅增长，达27.79万亿元人民币，比2016年增长14.2%，明显超过2014年高峰年。其中，出口额15.33万亿元，比上年增长10.8%；进口额12.46万亿元，增长18.7%；贸易顺差降至2.87万亿元，收窄14.2%。

中国外贸增长特别是进口额的高增长，对世界直接产生良好的溢出效应。一是对拉美和非洲等新兴市场，中国进口增长22%，出口增长17.3%；二是对欧美日发达经济体市场，中国进出口增长14.8%；三是对能源资源出口型市场，中国原油进口增长10.1%，天然气增长26.9%，直接带动了全球大宗产品价格回升；四是对技术进口型市场，中国出口汽车增长高达27.2%，计算机增长16.6%，医疗仪器及器械增长10.3%。

中国带动了全球进出口市场恢复性增长。据世界贸易组织统计，2017年

前三个季度,全球70个主要经济体货物贸易出口增长9%以上,创历史纪录,既有恢复性增长一面,也有再进一步增长一面,世界有望告别10年国际金融危机困局。

在经济全球化大背景下,中国与世界,同进同退。改革开放40年,正是中国对外开放融入世界经济的40年,按货物进出口额指标看,中国从1978年的第29位跃至世界第一位。不过也曾出现三次负增长。而每次负增长不久,中国也不断帮助世界复苏。

第一次是因亚洲金融危机的外部冲击,1998年中国进出口总额比上年下降0.4%,其中进口总额下降1.5%,出口总额则增长0.4%。而后几年中国进出口总额持续增长,不仅带动了亚洲地区进出口贸易增长,也带动了世界贸易增长,不过那时中国的贸易总量仅居世界第十位。

第二次是因国际金融危机的外部冲击,2009年中国货物进出口贸易总额比上年下降16.3%,其中进口总额下降13.7%,出口下降18.3%。之后几年中国进出口总额持续增长,更大范围地带动世界贸易增长,到2013年中国贸易总量已跃居世界第一,取代了美国,如同100年前美国取代英国。

第三次是2014年中国进出口总额达26.42万亿元,之后持续两年下降,2016年降至24.34万亿元人民币,比2014年减少了2.08万亿元,同比下降7.9%。主要原因是外因,即世界贸易持续大幅度下降。按美元计算的世界货物进出口总额,由2014年的37.96万亿美元减少至2016年的32.18万亿美元,下降了15.2%。而今,中国进出口贸易额大幅增长,再度带动世界。

当前,中国经济已由高速增长阶段转向高质量发展阶段。中国经济巨轮,实现了稳中求进,正在追求进中求好。中国好,则世界好。

(作者为清华大学国情研究院院长)
《人民日报海外版》(2018年01月19日第01版)

中国发展造福世界

王义桅

3月17日上午，十三届全国人大一次会议选举习近平为中华人民共和国主席。消息宣布后，一些国家的领导人第一时间致电或致函习近平主席，表示热烈祝贺。

贺电贺函中，习近平主席的"崇高威望""丰功伟业"、中国"过去5年取得令人瞩目的发展成就"、中国梦"造福全球各国人民"等，是关键词、关键句。各国领导人的祝贺，体现了一个普遍的共识——习主席的领导造福中国和世界。正如塞尔维亚总统武契奇表示，"坚信在您的领导下，中国人民必将实现伟大复兴的中国梦，中国复兴必将有利于维护世界和平、稳定，造福全球各国人民"。

这些电函表明，很多国家的领导人认识到，习近平新时代中国特色社会主义思想、中国的发展和复兴，都有着鲜明的世界性，对世界有益。

首先，从出发点看，中国考虑世界利益。在2016年新年致词中，习主席说了一句广为流传的话：世界那么大，问题那么多，国际社会期待听到中国声音、看到中国方案，中国不能缺席。习主席多次对国际社会讲，世界好，中国才能好；中国好，世界才更好。中国与世界相互依存，命运与共，中国常把自身发展同其他国家的利益放在一起来考虑。中国所追求的目标，包括造福世界。

作为执政党的中国共产党，始终把为人类作出新的更大的贡献作为自己的使命。正如中共十九大报告指出，中国共产党是为中国人民谋幸福的政

党,也是为人类进步事业而奋斗的政党。

其次,从行为方式看,中国积极携手世界。中国特色大国外交高举和平、发展、合作、共赢旗帜。中国积极通过世界能接受和认可的方式,来解决中国和世界共同面临的问题。比如世界各国都存在腐败问题,各国不应有避罪天空,反腐应该加强国际合作。2014年北京APEC会议上,2016年G20杭州峰会上,中国都推动了全球反腐合作。

最能表明习近平新时代中国特色社会主义思想的世界性的,莫过于"人类命运共同体"理念、"新型国际关系"理念及"一带一路"倡议。中国欢迎各国搭乘中国发展的快车、便车,希望推动建设相互尊重、公平正义、合作共赢的新型国际关系,建设持久和平、普遍安全、共同繁荣、开放包容、清洁美丽的世界。

中共十九大报告中提出,开放带来进步,封闭必然落后。中国开放的大门不会关闭,只会越开越大。中华民族伟大复兴的中国梦,与其他各国梦想相融通。近年来,习主席在达沃斯论坛、"一带一路"国际合作高峰论坛、中国共产党与世界政党高层对话会等场合的演讲,均引起强烈反响。这里体现的正是思想的魅力,中国的魅力。

(作者为中国人民大学习近平新时代中国特色社会主义思想研究院副院长)

《人民日报海外版》 (2018年03月19日第01版)

"天下为公"方显大国担当

苏晓晖

世界经济论坛2018年年会举行之际,全球目光再次聚焦中国。

各方宾客念念不忘习近平主席在2017年年会发表的重要演讲。论坛创始人兼执行主席施瓦布教授表示,今年年会主题定为"在分化的世界中打造共同命运",意在继续顺承习近平主席去年在论坛主旨演讲中提到的"共建人类命运共同体"的主张。

中国理念引发全球共振,核心在于"天下为公"。

"天下为公"是中国看待世界发展的独特视角。中国认为,世界格局正处在一个加快演变的历史性进程之中。和平、发展、合作、共赢的时代潮流更加强劲。西方实力相对下降,"南升北降"是大势所趋,国际力量对比朝着更趋均衡的方向发展。各国相互联系日益紧密,相互依存日益加深。任何国家或国家集团都无法单独主宰世界事务,零和博弈和冷战思维已过时。国际社会日益成为命运共同体。

"天下为公"是中国参与国际事务的基本原则。中共十九大报告指出,中国共产党是为中国人民谋幸福的政党,也是为人类进步事业而奋斗的政党。一方面,中国把自己的事情做好,本身就是对构建人类命运共同体的贡献。2017年,中国经济以6.9%的增速在全球主要经济体中一枝独秀,对世界经济增长的贡献率约30%,是举足轻重的稳定器与压舱石。与此同时,中国通过发展给世界创造更多机遇,通过深化自身实践探索人类社会发展规律并同世界各国分享。中国坚持引进来和走出去并重,与各国扩大双向投资和贸

易往来，共建开放型世界经济，为经济全球化注入新动力。

"天下为公"是中国应对世界难题的有效处方。中国致力于将各国人民对美好生活的向往变为现实。习主席提出了"五位一体"的设计：坚持对话协商，建设一个持久和平的世界；坚持共建共享，建设一个普遍安全的世界；坚持合作共赢，建设一个共同繁荣的世界；坚持交流互鉴，建设一个开放包容的世界；坚持绿色低碳，建设一个清洁美丽的世界。这一主张为世界各国共克时艰、同舟共济指明方向。

"天下为公"是中国描绘世界蓝图的未来愿景。建立公正合理的国际秩序是人类孜孜以求的目标。世界命运应该由各国共同掌握，国际规则应该由各国共同书写，全球事务应该由各国共同治理，发展成果应该由各国共同分享。构建人类命运共同体，就是要实现共赢共享。

中国倡导的构建人类命运共同体是人类社会的伟大进程和目标。中国智慧和中国方案顺应人类发展进步潮流，符合世界各国的共同愿望，同时也需要世界各国一代又一代人不断奋斗才能最终得以实现。

"天下为公"是中华文明的世界贡献，是中国特色大国外交的精神风骨，也是中国共产党的历史责任与担当。

(作者为中国国际问题研究院国际战略研究所副所长)

《人民日报海外版》（2018年01月27日 第01版）

中国梦的世界意义与文明担当

王义桅

中共十九大报告指出,中国特色社会主义进入了新时代,这是我国发展新的历史方位。

这意味着,近代以来久经磨难的中华民族迎来了从站起来、富起来到强起来的伟大飞跃,迎来了实现中华民族伟大复兴的光明前景;意味着中国特色社会主义道路、理论、制度、文化不断发展,拓展了发展中国家走向现代化的途径,给世界上那些既希望加快发展又要保持自身独立的国家和民族提供了新选择,为解决人类问题贡献了中国智慧和中国方案。

这表明,中国与世界的关系发生了近代以来最为深刻的变化。中国共产党全心全意为人民服务的宗旨,不仅体现在为中国人民谋幸福,为中华民族谋复兴,而且体现在倡导构建人类命运共同体,建设持久和平、普遍安全、共同繁荣、开放包容、清洁美丽的世界。

中国的世界期待也折射出世界的中国期待。当前,各方对人类和平与发展的前景既有期待,也有忧虑,期待中国表明立场和态度。中国的回答是:始终做世界和平的建设者、全球发展的贡献者、国际秩序的维护者。中国人民愿同各国人民一道,共同开辟人类更加繁荣、更加安宁的美好未来。

洞悉世界的中国期待,中国国家主席习近平提出"一带一路"倡议,开辟了我国从参与到引领全球开放合作的新境界。

5年来,在各参与方共同努力下,"一带一路"逐渐从倡议变为行动,从理念转化为实践,成为当今世界规模最大的国际合作平台和最受欢迎的国际

公共产品之一。

从人类历史上看，大国崛起一定会提出引领世界未来的合作倡议和价值理念。"一带一路"及其背后的人类命运共同体理念就承载着这一使命。"一带一路"首先是中国新时代全方位开放战略，又是推行新型全球化和新型全球治理的合作倡议，同时还是融通中国梦与世界梦、实践人类命运共同体的伟大事业。

中国通过改革开放而影响世界，让世界上7亿人脱贫，占世界脱贫贡献率的七成，中国模式正在打破西方所谓普世价值的神话。如今，中国倡议、中国方案、中国智慧正在塑造和引领全球化和全球治理。

作为世界大国与文明古国，中国不仅要实现自身的现代化，也要帮助其他发展中国家实现现代化；不仅自己充满"四个自信"，也乐见其他国家有"自信"；不仅要有中国特色，也乐见其他国家特色；不仅自己要强起来，也要和世界一起实现人类文明的永续发展。这就是中国梦的世界意义与文明担当。

在新的历史起点上，中国前所未有地走近世界舞台中心，前所未有地接近实现中华民族伟大复兴的中国梦，前所未有地具有实现这个目标的能力和信心。

（作者为中国人民大学习近平新时代中国特色社会主义思想研究院副院长）
《人民日报海外版》（2018年02月22日第01版）

全球安全治理的中国方向

苏晓晖

日前,第54届慕尼黑安全会议举行。会议期间,中美两国就国际安全环境、核领域全球治理等问题各自阐述立场,中方特别回应了美方别有用心提出的"中国威胁论"。

中国注意到美国安全战略的变化。美国于2017年12月、2018年1月和2月分别发布国家安全战略、国防战略和核态势评估报告。三份报告均为美国安全政策的重要标杆,一脉相承地将中俄作为美战略对手,凸显大国博弈,反映出美对世界发展态势及自身安全定位的认知。特朗普政府秉持"以力量求安全"思路,致力于加强军事投入,扩大美军事优势,并有意降低核武器使用门槛,由此引发多方对核灾难风险增加的忧虑。

美执意调整核态势的同时,不忘拿所谓"中国威胁"做借口。对此,中方明确指出美方是毫无根据的,更进一步表明了中国对国际安全形势的看法和安全政策理念。

中国坚持核军控和不扩散目标。中国自身核武库规模非常小,坚持自卫防御的核战略,维持最低限度的核威慑。中国始终奉行在任何时候、任何情况下都不首先使用核武器的政策,无条件地承诺不对无核武器国家和无核武器区使用或威胁使用核武器。在以身作则的同时,中国敦促其他核国家避免任意妄为。大国间战略互信受损将危及全球安全。

中国为全球安全治理指明方向。中国支持安全的普遍性,不能一个国家安全而其他国家不安全,也不能一部分国家安全而另一部分国家不安全,更

不能牺牲别国安全谋求自身所谓绝对安全。同盟体系将小团体利益置于公共利益之上，更动辄将小团体外的国家作为对手和威胁，这种方式有违世界一体化趋势，将制造更多不安全的恶果，损人不利己。

中国针对地区问题发挥稳定正能量。中国指出，朝鲜半岛核问题背后是互信的严重缺失。美军及其盟友对朝鲜的军事敌对只会加深矛盾，朝鲜拥核自保也无法实现自身的安全目标。中国重申应通过和平谈判，照顾各方安全关切。面对近期朝韩利用平昌冬奥会进行接触，中国鼓励美国不要错过谈判契机，帮助半岛走出相互刺激、螺旋下降的恶性循环。

面对全球各类复杂多变的安全挑战和形形色色的"中国威胁论"，中国始终强调构建人类命运共同体，推动营造公道正义、共建共享的安全格局，倡导综合安全、共同安全、合作安全、可持续安全的新安全观。

(作者为中国国际问题研究院国际战略研究所副所长)

《人民日报海外版》（2018年02月24日第01版）

世界目光聚焦中国两会

苏晓晖

全国政协十三届一次会议和十三届全国人大一次会议将分别于3月3日和3月5日在北京开幕。目前已有3000多名中外记者报名采访全国两会，其中境内记者2000人左右，港澳台记者和外国记者1000多人。两会再次成为世界观察中国的绝佳窗口。

"中国强大"是各国密切关注中国的核心议题。2018年是国际金融危机爆发10周年，世界经济回暖向好但风险犹存，复苏脆弱且缺乏可持续性。中国对世界经济增长的贡献率在30%以上。两会召开前夕，国务院公布了2017年《政府工作报告》量化指标任务的落实情况表。2017年中国GDP首次突破80万亿元人民币大关，同比增长6.9%，投资、基础设施建设等指标也已完成。一些西方经济学家坦言，没有中国强劲增长动力支撑，世界经济将陷入严重困境。各国看重中国在世界经济中的分量，由此关心中国两会将有哪些新目标。

"中国气象"是多方细心研判中国的重要视角。伴随着中共十九大召开，中国共产党与世界政党高层对话会举行，中国的新时代新气象新作为吸引着世界的目光。习近平新时代中国特色社会主义思想成为全党全国人民为实现中华民族伟大复兴而奋斗的行动指南。中国特色社会主义道路、理论、制度、文化不断发展，拓展了发展中国家走向现代化的途径，给世界上那些既希望加快发展又希望保持自身独立性的国家和民族提供了全新选择，为解决人类问题贡献了中国智慧和中国方案。世界格外重视中国在各领域各层面

的新作为，在惊叹之余更添学习借鉴之意。两会将再次展现站在历史重要节点上的中国所释放出的强大势能。

"中国担当"是世界热切期盼的中心内容。伴随综合实力提升，中国发展的辐射效应日益增强。同时，中国以更加自信有为的姿态积极参与全球治理，日益走近国际舞台中央。中国致力于建设开放型世界经济，促进贸易和投资自由化便利化，助推开放发展时代潮流。中国与多国正深入推进"一带一路"建设，为各国务实合作搭建新平台，打造世界互利共赢新格局。中国为各国提供和谐相处、共谋发展的全新思路和选择，推动构建新型国际关系，推动构建人类命运共同体。中国支持全球治理体系变革，着眼人类共同和长远利益，呼吁国际社会协力应对恐怖主义、网络安全、重大传染性疾病、气候变化等威胁和挑战。2018年，中国将举办博鳌亚洲论坛、上海合作组织峰会、中非合作论坛峰会和中国国际进口博览会等主场外交活动。各国希望通过中国两会更多了解中国对世界发展的议程设置。

2018年是全面贯彻中共十九大精神的开局之年，是决胜全面建成小康社会、实施"十三五"规划承上启下的关键之年，也是改革开放40周年。春回大地，万物更新。2018年春季召开的中国两会将为世界带来暖意和活力。

(作者为中国国际问题研究院国际战略研究所副所长)

《人民日报海外版》（2018年03月03日第01版）

长征精神何以饮誉全球？

严 冰

提起长征，几乎每个中国人，都会想起毛泽东主席"红军不怕远征难，万水千山只等闲"的豪迈诗句，"长征是宣言书，长征是宣传队，长征是播种机"的庄严文辞。外国人怎么看长征？如何评价长征？这是令人感兴趣的话题。

曾任美国总统国家安全事务助理的著名学者布热津斯基，1981年7月携全家到四川安顺场旅游，参观了当年中央红军胜利渡过的大渡河。回去之后，感触颇深，立刻写下了一篇题为《沿着长征路线朝圣记》的文章，描述自己的感受："在我们走近大渡河时，曾经一度怀疑它是否真的像长征战士在回忆录中描述的那样水流湍急，险象环生；及至亲眼目击，才知并非言过其实。这条河水深莫测，奔腾不驯，加上汹涌翻腾的旋涡，时时显露出河底参差狰狞的礁石，令人触目惊心，不寒而栗！"由此，布热津斯基不得不由衷地钦佩中国共产党及其领导下的中国工农红军，在如此的艰苦环境下，依然取得了长征的辉煌胜利。

在美国作家索尔兹伯里笔下，长征是"前所未闻的故事"。在美国记者埃德加·斯诺的笔下，长征是"惊心动魄的史诗"，他还认为，与红军长征相比，公元前2世纪西方战略之父汉尼拔翻越阿尔卑斯山的进军，不过是一次轻松的假日远行。英国元帅蒙哥马利赞誉长征"是本世纪最伟大的军事史诗，是一次体现出坚忍不拔精神的惊人业绩"。韩国等亚洲国家也十分关注"长征精神"。韩国媒体评论说，长征是中国共产党创造的奇迹，不理解

"长征精神",就不能理解中国,就无法同中国进行充分的交流。他们认为,长征是人类史上的奇迹,从"长征精神"中,可以看到中国在现代世界史中将发挥中心作用的潜力。

笔者研究发现,80年来,许多国际友人对长征表现出浓厚的兴趣,盛赞红军长征。他们中有著名的领袖人物、军事统帅,也有专程来中国采访报道的记者、作家,更有一些外国人来到中国重走长征路,体验长征精神。其中有一些外国人,先是抱着好奇甚至怀疑的态度来看待长征这一事件,但在对长征有了深入的了解和思索后,他们都成为了长征的赞颂者和崇拜者。他们中的许多人,对红军在长征中所表现出来的英勇无畏的精神,给予了高度赞扬。他们认为,长征精神不仅是一种民族精神,更是全世界共享的精神财富。

为什么越来越多的外国人产生了浓浓的"长征情结"?"长征精神"凭什么引起全世界人们的称颂?

我想,答案一定是,中国共产党的"长征精神"与人类所推崇的奋斗精神、英雄气概有很多共通之处。诗人说得好,穿过风雪,就有了风雪的坚韧;走过草地,就有了草地的深邃;翻过大山,就有了大山的抱负;涉过大河,就有了大河的豪迈。长征是考验,长征是历练,长征更是一曲人类在极限中求生存、在绝境中显奋斗的凯歌。走过了二万五千里长征的中国共产党及其领导的人民军队,从此所向披靡,从胜利走向胜利,最终迎来了"百万雄师过大江"的全国解放。

从外国人的"长征情结"可以看出:长征,不仅是中华民族一部惊天动地的英雄史诗,也是震惊世界的伟大事件,是人类历史上无与伦比的壮举。中国工农红军在长征中所表现出来的大无畏的英雄气概和艰苦卓绝的斗争精神,早已超越了时空,走向世界,成为全人类共同的宝贵精神财富。

(作者为本报高级编辑)

《人民日报海外版》(2016年10月11日第1版)

中国新型政党制度的启示

杨 凯

进入21世纪以来，中国给世界的总体印象大概可以用两个标点符号来表示。

一个是惊叹号，这意味着某种惊讶。一个体量巨大、情况复杂的发展中国家，长时间保持稳定，实现跨越式发展，成了世界第二大经济体，成了全球治理担当者——这是真的！

另一个是问号，这意味着某种好奇。世界希望洞悉中国发展的奥妙，希望理解中国社会的运转机理。政党政治是现代政治的主要运作方式，可谓"全球同此凉热"，但为什么和西方普遍存在的两党制、多党制不同，中国共产党能够在中国长期执政、全面领导，并取得巨大成功？

对此，中国当然有自己的答案，只不过中国的答案并不存在于西方传统的政治教科书中。

全国两会是外界观察中国、获取答案的绝佳窗口。3月4日下午，中共中央总书记、国家主席、中央军委主席习近平在看望参加全国政协十三届一次会议的民盟、致公党、无党派人士、侨联界委员并参加联组会时，对中国政党制度作出重要表述，阐明了中国的政治运转特点和政治逻辑。

习近平指出，中国共产党领导的多党合作和政治协商制度作为我国一项基本政治制度，是中国共产党、中国人民和各民主党派、无党派人士的伟大政治创造，是从中国土壤中生长出来的新型政党制度。

新型政党制度，新在哪里？

其一，新在更加真实、广泛、持久的代表性。中国政党制度是马克思主义政党理论同中国实际相结合的产物，能够真实、广泛、持久代表和实现最广大人民根本利益、全国各族各界根本利益，有效避免了旧式政党制度代表少数人、少数利益集团的弊端。

其二，新在团结奋斗而不是恶性竞争的政党关系。中国并不是只有中国共产党这一个政党，还存在着其他民主党派和无党派人士，而中国的政党制度把各个政党和无党派人士紧密团结起来、为着共同目标而奋斗，有效避免了一党缺乏监督或者多党轮流坐庄、恶性竞争的弊端。

其三，新在决策更加民主高效的制度体系。它通过制度化、程序化、规范化的安排集中各种意见和建议、推动决策科学化民主化，有效避免了旧式政党制度囿于党派利益、阶级利益、区域和集团利益决策施政导致社会撕裂的弊端。

应该说，中国的新型政党制度是一个有根有魂的制度。说它有根，就在于这个制度是植根于中国的历史—社会—文化土壤之中的。它不仅符合当代中国实际，而且符合中华民族一贯倡导的天下为公、兼容并蓄、求同存异等优秀传统文化。它从中国历史的文明绵延中走来，在中国当代的伟大实践中完善，向中国未来的光明前景走去。说它有魂，在于中国共产党一向秉持多党合作建立之初心，不断推进政治协商、民主监督、参政议政，与各民主党派和无党派人士一起，不懈发展出更广泛、更有效的民主。正因为如此，在过去极不平凡的5年中，中国发挥出独特的制度优势；也正因为如此，新时代里，中国必将凝聚起更为磅礴的奋斗伟力。

世界格局在变，发展格局在变。中国的新型政党制度，是对人类政治文明的重大贡献。它给世界的启示很朴素，也很宝贵，那就是任何政党要发展好自身、领导好国家，都必须求真务实、推陈出新，完善自己的制度、走好自己的路。

(作者为本报主任编辑)

《人民日报海外版》（2018年03月05日 第01版）

欢迎搭乘中国发展的快车便车

王义桅

在敦煌,适合思考,尤其适合思考"一带一路"话题。

9月19日,2017"一带一路"媒体合作论坛在敦煌举行。4年来,"一带一路"倡议的国际影响日益显现,无论是从"中国倡议"到"国际行动",从"中国理念"到"国际共识",还是"中国方案"融入"全球治理",展现的都是共建"一带一路"给世界带来机会,带来四重效应:

转变经济发展模式。要想富,先修路,基建是经济发展基础。世界银行数据显示,发展中国家每年基建投入约1万亿美元,估计到2020年每年至少还需增加1万亿美元。到2030年,全球预计将需要57万亿美元基础设施投资。"一带一路"建设可以说抓住了世界经济发展的牛鼻子,展示了中国新比较优势。一项海外研究显示,2017年全球基建投资中,中国占比31%。中国参与的海外建设项目多达1034个,多数位于亚洲、中东和非洲,其中40%为铁路基建项目。通过倡导基础设施互联互通,"一带一路"建设正在改善全球化,引导投资流向实体经济,利于消除全球金融危机之源,让全球化惠及更广泛的民众。

产业承接,战略对接。"一带一路"建设成为相关国家抓住产业承接机遇,融入全球价值链体系的难得机会,因此有不抓住"一带一路"就抓不住21世纪机遇的说法。"21世纪是中国世纪","中国世纪来临的标志就是'一带一路'"。它的核心内容是促进基础设施建设和互联互通,对接各国政策和发展战略,深化务实合作,促进协调联动发展,实现共同繁荣。

推动世界走出全球金融危机。文一教授在《伟大的中国工业革命》一书中指出,中国崛起带给全世界经济的拉动力量相当于当年大英帝国崛起的100倍,相当于当年美利坚合众国崛起的20倍。习近平主席表示,欢迎各国人民搭乘中国发展的快车、便车。据美国咨询公司麦肯锡顾问说:到2050年,"一带一路"建设将贡献80%的世界经济增长,新增30亿中产阶级。未来10年,新增2.5万亿美元的贸易量。

今天的世界需要合。天下大势,合久必分,分久必合。合,创造规模和系统效应,带来集约发展、可持续发展。和合,是中国文化强项。以高铁为例子,未来世界八成人生活在城市里,城际互联互通主要靠高铁、城际铁路、轨道交通,高铁正是国际装备"走出去"的标志。设施联通是合作发展的基础。陆上、海上、天上、网上四位一体的联通,关键通道、关键城市、关键项目,联结陆上公路、铁路道路网络和海上港口网络,将备受关注。

"一带一路"倡议就是在中国发展中解决世界的发展问题。比如,消除贫困,"一带一路"建设推动新型城镇化和人类生产、生活的新布局,以发展求安全,以安全促发展。再如,消除贫富差距,"一带一路"建设促进东西互济,陆海联通,缩小差距。又如,完善全球治理,"一带一路"倡议主张标本兼治,统筹协调。建设绿色丝绸之路、健康丝绸之路、智力丝绸之路、和平丝绸之路,就是在推动人类生产、生活、思维模式大转型,建设人类命运共同体。

(作者为中国人民大学国际事务研究所所长、重阳金融研究院高级研究员)
《人民日报海外版》(2017年09月21日第01版)

中国勇于担当的大国胸怀

华益声

近日,第72届联合国大会举行一般性辩论,备受关注。中国方面,由外交部长王毅率团出席。针对当前国际形势、重大国际和地区问题,中国立场和主张引人注目。在气候变化问题高级别非正式对话会上,王毅外长呼吁各国落实气候变化《巴黎协定》,坚持合作应对气候变化的大方向不动摇。中国承诺实施自主贡献,本国将坚持贯彻创新、协调、绿色、开放、共享的发展理念,努力建设天蓝、地绿、水清的美丽中国。同时,中国愿意推进与各国,特别是发展中国家在能源领域的合作,共同走可持续发展之路。

在当前《巴黎协定》面临不确定因素,国际社会合作应对气候变化的努力进入关键阶段的背景下,中国的表态掷地有声,为各国共同探索包括气候变化在内的各领域全球治理模式、向建设人类命运共同体的方向迈进注入新动能。

事实上,中共十八大以来,中国在国际舞台上积极发出中国声音,提出中国倡议,展示自信开放、包容合作的中国风格和中国气派。勇于担当,成就大国胸怀。

大国胸怀,体现在国际视野上的高屋建瓴。中国国家主席习近平以宽广的视野看待中国的国际定位,深入思考"建设一个什么样的世界、如何建设这个世界"等关乎人类前途命运的重大课题,勇于提供中国方案,作出中国贡献。

习主席在亚洲相互协作与信任措施会议第四次峰会作主旨演讲,提出

积极倡导共同、综合、合作、可持续的亚洲安全观，创新安全理念，搭建地区安全和合作新架构，努力走出一条共建、共享、共赢的亚洲安全之路。在2016年二十国集团工商峰会上，习主席首次全面阐述中方的全球经济治理观，指出全球经济治理应该以平等为基础，以开放为导向，以合作为动力，以共享为目标，共同构建公正高效的全球金融治理格局、开放透明的全球贸易和投资治理格局、绿色低碳的全球能源治理格局、包容联动的全球发展治理格局。中国方案维护国际公平与正义，推动国际体系变革。

大国胸怀，体现在行动上的兼济天下。中国本着力所能及的原则，积极承担更多国际责任和义务，为世界发展提供公共产品。中国提出的"一带一路"倡议得到100多个国家和国际组织积极支持参与，一大批有影响力的标志性项目成功落地。今年5月举办的"一带一路"国际合作高峰论坛，成为各国共谋发展、推动经济全球化的盛会。

言必信，行必果，中国以实际行动力促进人类可持续发展。中国促进南南合作，已宣布建立10亿美元的中国—联合国和平与发展基金、200亿元人民币的"中国气候变化南南合作基金"，设立"南南合作援助基金"，加入联合国维和能力待命机制并组建常备成建制维和警队及8000人规模的维和待命部队，推动制定2030年可持续发展议程并率先发布落实2030年可持续发展议程国别方案。

中国勇于担当的大国胸怀，让中国梦与世界梦连接，为实现世界持久和平与共同发展注入正能量。

(作者为国际问题专家)

《人民日报海外版》（2017年09月22日第01版）

从中国方案到国际共识

阮宗泽

今年是金砖合作的"中国时间",美丽的海滨城市厦门将喜迎八方来宾。前不久,以建筑和历史著称的厦门鼓浪屿被列入联合国教科文组织的世界文化遗产名录。厦门曾是海上丝绸之路的重要节点,现在同样是联接世界的重要桥梁。

厦门会晤为何格外引人瞩目?有何成果值得期待?如何开启第二个"金色十年"?中国方案如何增强金砖合作成色?这需要从本次会晤的主题中寻找答案。本次会晤主题为"深化金砖伙伴关系,开辟更加光明未来",既有关注当下的脚踏实地,更有伏脉千里的运筹帷幄。当然,这次会晤将是又一次见证中国方案转化为国际共识的重要时刻。

5年来,中国国家主席习近平站在新的历史起点上,总揽全局,前瞻性地提出一个又一个令人耳目一新的倡议和方案,如"一带一路",发起成立亚洲基础设施投资银行、金砖国家新开发银行,践行正确义利观,推动构建以合作共赢为核心的新型国际关系,打造人类命运共同体,构建全球伙伴关系网络等,收获了众多点赞。

5年来,中国以主场外交为抓手,以创新为驱动,积极运用议题和议程设置的主动权,让中国方案转化为国际共识,引导会晤形成具有开创性、机制性的成果,书写了中国特色大国外交的斑斓画卷,展示了中国锐意进取的坚定意志,拓展了中国与世界的共同利益。

今天的中国宛如一块"超级磁石",吸引着世界的目光。中国实现了从

"站起来"到"富起来"到"强起来"的历史性飞跃。这既包括中国硬实力的进一步增强,又包括以治国理政新理念新思想新战略等中国方案为代表的软实力的同步提升。两者相辅相成、相得益彰,真正托举中国的强势崛起。中国方案广受青睐,根本原因在于人们目睹了中国改革开放的伟大实践是成功的实践,中国的发展道路是成功的道路,这就是中国方案的底气。

当前国际形势波谲云诡,国际格局加速变化,机遇和挑战相互交织。一方面,新兴力量的崛起,有助于国际秩序的调整与改革,另一方面,世界充满悬念,西方越来越担忧辉煌不再,或滑入"后西方"时代,因此不惜祭出保护主义、以邻为壑的武器,拖累世界经济增长。在此背景下,作为"南南合作"重要平台的金砖机制走向备受关注,而中国对此机制未来发展的引领作用就更显关键。

面对国际上一些唱衰"金砖"的声音,金砖国家尤其需要增强信心。作为东道主,中国将本着"开放包容、合作共赢"的金砖精神,与各方加强沟通,大力倡导深化合作、推进机制建设,通过"金砖+"模式扩大朋友圈,推动金砖国家合作机制为世界和平与发展做出更大贡献。

(作者为中国国际问题研究院常务副院长、研究员)

《人民日报海外版》(2017年08月31日第01版)

中国为世界经济注入活力

王俊岭

中共十九大后的首个中央经济工作会议备受期待，世界对2018年中国经济政策走向格外关注。

这种关注，既源于中国自身发展所取得的巨大成就，更在于中国为其他经济体带来的实实在在的发展机遇，为世界经济注入了强大活力。

首先，中国带来了增长动力。5年来，中国对世界经济增长的年均贡献率超30%，超过同期美国、欧元区和日本贡献的总和，中国自身经济总量占全球比重亦提高了3.5%。这意味着，中国成为世界经济增长的主要动力源和稳定器。

从结构上看，随着生产力不断发展与技术进步，发达经济体需要拓展新产业、新模式、新服务，同时用新技术改造传统产业；而发展中经济体则希望尽快获得足够的外部要素，来支撑自身实现经济起飞，展现"后发优势"。此时，作为最大发展中经济体的中国，实现平稳转型升级无疑十分重要。一方面，中国居民购买力提升为发达经济体提供了更活跃的庞大市场；另一方面，中国企业走向海外投资并参与要素全球化配置，为很多发展中国家带去了资金、技术、就业和需求。

其次，中国探索了发展经验。从粮食生产能力达到1.2万亿斤，到天宫、蛟龙、天眼、墨子、国产大飞机等重大科技成果相继问世，再到6000多万贫困人口脱贫，中西部和农村教育加强……这一个个发展成就，不仅让中国自身成为世界经济的"模范生"，更为世界其他经济体提供了有益经验。

例如，中国探索出的"开发区经验"如今就被越来越多经济体所借鉴。设立经济特区、经济开发区或自由贸易园区，并将成功管理经验加以推广，既能够抢抓发展机遇，让制度、资金、人才、技术等要素优势实现集约利用，实现快速发展，又可以减少探索风险对发展全局的不利影响。

最后，中国提供了有效方案。如今，世界多极化、经济全球化深入发展。一方面，发展不平衡不充分引发的种种矛盾不断出现，世界经济需要可靠的新增长动力。另一方面，全球化发展至今，全球政治经济治理结构需要跟上。

对此，中国积极主张构建人类命运共同体，提出"一带一路"倡议，推动设立了"一带一路"国际合作高峰论坛、亚洲基础设施投资银行、丝路基金等一系列对话机制与合作平台，为世界各国弥合分歧、实现优势互补贡献了中国方案。如今，这些方案正惠及世界。2014年至2016年，中国同"一带一路"相关国家贸易总额超过3万亿美元，相关投资累计超过500亿美元。

好风凭借力，扬帆正当时。改革开放促进了中国经济腾飞，中国发展也必将在进一步开放中回馈世界。历史终将证明，中国发展的活力将推动世界经济走进一个良性循环。

(作者为本报编辑)

《人民日报海外版》 (2017年12月20日 第01版)

中国大步走向世界舞台中央

华益声

近期，中国国际电视台（中国环球电视网）开播之际，习近平主席在贺信中指出，"中国和世界的关系正在发生历史性变化"，对中国的国际定位做出重要判断。

这一判断基于中国发展的底气。在世界经济面临多元挑战的背景下，中国保持经济平稳健康发展。2016年前三季度，中国经济增速为6.7%，实现中高速增长。展望未来5年，中国进口总额有望达到8万亿美元，利用外资总额达到6000亿美元，对外投资总额达到7500亿美元，出境旅游达到7亿人次。中国将继续作为世界经济增长最有力的引擎之一。更为重要的是，中国发展体现出新兴市场国家的活力，巩固了国际力量对比朝着更趋均衡方向发展的态势。

这一判断源自中国特色社会主义的自信。国际社会在见证中国发展成绩的同时，试图探究中国的发展道路、政策和理念，寻找中国发展的内生动力。习主席在多个重要双边或多边外交场合精辟阐述中国的治国理政方略，鲜明指出，中国发展得益于坚持中国共产党领导、坚持走中国特色社会主义道路。中国日益展现道路自信、理论自信、制度自信和文化自信，并得到越来越多国家的认可和赞许。

这一判断凸显在中国对国际规则的贡献。中国不断推动国际关系理念发展完善。"人类命运共同体"理念的提出，是中国对世界格局主动进行的议程设置。中国认为，随着世界多极化、经济全球化、文化多样化、社会信息

化深入发展,世界各国将成为利益更加交融的命运共同体。此时,冷战思维和零和博弈已过时,合作共赢才是各国相处的合理选择。"以合作共赢为核心的新型国际关系"是中国为各国和谐相处、共谋发展打造的全新思路和路径选择。这种新型国际关系,针对国际关系中的不公正、不平等现象,抵制霸权主义、强权政治、新干涉主义等对国际和平稳定造成的不利影响。中国不再只是国际规则的遵守者,更是支持国际正义、促进国际秩序向公正合理方向发展的重要贡献者。

这一判断渗透于中国引领全球治理的担当。2016年,中国成功主办二十国集团(G20)领导人第十一次峰会。中国发挥影响力和号召力,促使各方凝聚共识。峰会发表了《二十国集团领导人杭州峰会公报》和28份具体成果文件,在国际上树立起新的"全球标杆"。中国为世界经济开出"中国药方",提振世界经济发展信心。另外,中国积极参与应对气候变化谈判,促成《巴黎协定》达成,并在《巴黎协定》生效进程的最后环节发挥了关键作用。

中共十八大以来,国际体系中的中国影响快速提升,国际事务中的中国作用更加突出。中国和世界关系发生历史性变化,核心是中国以更加进取、自信、成熟的姿态走向世界舞台的中央。

(作者为国际问题专家)

《人民日报海外版》（2017年01月05日 第01版）

新一轮全球化呼唤中国引领

赵龙跃

去年以来，反全球化势力回潮，国际社会甚至有人怀疑经济全球化的不可逆转性。实际上，人们既不能硬推全球化，也不可能阻挡全球化，只能改善全球化。

目前的全球化是非均衡发展的全球化。它一方面促进了世界经济的增长，另一方面也给世界带来了严重的不平衡：首先是发展的不平衡和利益分配的不平衡，包括国家之间的不平衡，国家内部地区之间、产业之间和社区人群之间的不平衡；其次是资源环境消耗的不平衡；更严重的是制度规则的不平衡。长期以来，国际规则主要是在美欧国家的主导和操纵下形成的，首先体现的是美欧等发达国家的利益和需要。这些规则不但没有考虑发展中国家的实际情况，而且有些规则还是专门针对甚至用于限制具有后发优势的发展中国家。

国际金融危机爆发以来，国际社会所面临的问题不仅是经济的恢复与发展，还有治理机制和国际规则的重构与创新。目前我们需要研究的是如何重构与创新国际规则、完善国际治理机制、克服全球化的弊端，推进更加均衡、包容和公正发展的新一轮经济全球化。

新一轮经济全球化呼唤中国的引领。G20杭州峰会的历史意义，就是制定和规范国际治理的原则和方向，开启了由中国引领新一轮经济全球化进程的新时代。中国对新一轮经济全球化的引领作用主要体现在：

第一，重构国际规则引领。如果按照主要推动力来划分，非均衡发展的

全球化大致经历了两个阶段：19世纪之前的全球化可以算作第一个阶段，其主要推动力是技术，到目前为止的全球化是第二个阶段，其主要推动力是技术和资本。由中国倡导推动的新一轮全球化，其主要推动力将是技术、资本和规则。

第二，"一带一路"路径引领。"一带一路"倡议的共商共建共享、互联互通、合作共赢是推进新一轮全球化的重要理念和路径。

第三，科学技术创新引领。中国努力研究全球科技发展方向，在引领未来高科技领域标准和规则的制订方面作用日渐扩大；实施海外人才引进倍增计划，进一步加大对外国专家来华工作或创业的支持力度。

第四，强化国际投资引领。中国对外投资的国际影响力日益增强，2015年中国对外非金融类直接投资已经达到1200亿美元，对外直接投资存量首次突破万亿美元大关。

第五，开放国内市场引领。中国经济结构的调整和增长方式的转变将对世界经济和全球贸易发生重大影响，中国不仅是世界最大的商品出口国，也是世界最大的商品进口国之一，年度商品与服务进口已经接近3万亿美元，为新一轮经济全球化提供了广阔的市场。

第六，布局全球人才引领。新一轮全球化在国际组织机构、区域组织机构、全球治理机制和平台等领域悄然启动，唯有尽快选拔输送一大批熟悉中国国情、具有国际视野和专业知识的高端人才，参与这些机构的改革和管理工作，才能真正把中国引领新一轮经济全球化的政策主张和发展理念落实到位，取得实质性效果。

（作者为广东外语外贸大学教授、云山领军学者、国际治理创新研究院院长）
《人民日报海外版》（2017年01月09日第01版）

中国是世界稳定锚

阮宗泽

自中共十八大以来，中国外交革故鼎新、厚积薄发、攻坚克难、开拓进取，书写了中国特色大国外交的新篇章。正如外交部部长王毅指出，今天的中国已成为"国际形势的稳定锚，世界增长的发动机，和平发展的正能量，全球治理的新动力"。

毋庸置疑，世界正经历一场复合型危机，乱象纷呈。传统与非传统威胁此起彼伏，战争与冲突连绵不断，恐怖袭击接二连三，少数国家人民甚至家园破碎，背井离乡，沦为难民。金融危机后遗症不断出现，反全球化、民粹主义、保护主义思潮野蛮生长，"黑天鹅"成双成对从天而降，不确定性有增无减，不少国家对未来缺乏信心，令人不得不思考这样一个问题：世界究竟怎么了？

近年来，西方经历了从"历史的终结"到"后西方"时代的过山车，感叹前者昙花一现，后者却由远而近。实际上，"后西方"的根源在于西方内部政治、经济、安全及社会等方面均出了问题，落入了唯我独尊、故步自封、零和思维的陷阱。

与此形成鲜明对比的是，中国的发展成绩斐然，从容而淡定，归根结底来源于"四个自信"；来源于对国际形势的准确判断；来源于对自身面临的机遇与挑战的辩证分析；来源于致力把自己的事情做好，撸起袖子加油干，探索出了一条符合中国国情的发展道路。习近平主席提出构建人类命运共同体的新倡议，直击当今世界乱象丛生的痛点，同时给出了人类发展的中国方案。

2016年中国经济增长6.7%，在全球主要经济体中排名第一，继续领跑。这一增量对世界经济增长的贡献率超过30%。

中国是维护和平的坚定力量。中国派出维和部队守护和平，帮助战乱国家重建家园。在联合国安理会5个常任理事国中，中国是派出人数最多的国家。中国加入新的联合国维和能力待命机制，率先组建常备成建制维和警队，并建设8000人规模的维和待命部队。中国军队积极参与国际维和、反恐和人道主义救援，参与管控热点敏感问题等，而中国军力的现代化也有助于更好地维护地区和世界和平。

中国在全球治理中积极贡献国际公共产品。今年5月，"一带一路"国际合作高峰论坛将在北京举办。在当前保护主义、单边主义卷土重来的情况下，"一带一路"的崛起更加引人注目，它有助于推动经济全球化朝着更加普惠、包容的方向来实现再平衡，也将成为共建人类命运共同体的重要实践。

中国外交的先进性充分呈现在外交思想的创新上，如倡导结伴不结盟、扩大朋友圈、塑造以合作共赢为核心的新型国际关系、共同构建人类命运共同体等。这既有中国特色，又符合时代的潮流。

综上，面对纷繁复杂的国际挑战，面对国际社会的期待，中国没有缺席，而且勇担责任，在全球治理中烙下深深的中国印记。中国名副其实发挥了稳定锚作用。

（作者为本报特约评论员，中国国际问题研究院常务副院长、研究员）

《人民日报海外版》（2017年03月09日 第01版）

解决人类现实挑战的中国方案

常 健

人类正处在大发展大变革大调整时期。世界多极化、经济全球化深入发展，社会信息化、文化多样化持续推进，同时，人类也正处在一个挑战层出不穷、风险日益增多的时代。

如何防止全球性的危机，使人类社会能够延续存在、和睦相处和持续发展，这是全人类面临的共同挑战和课题。中国国家主席习近平提出了"构建人类命运共同体"主张，这是中国把握历史规律和时代潮流，着眼人类共同和长远利益提出的中国方案。

"人类命运共同体"首先是一个现实。它反映了在新一轮全球化进程中，人类利益格局日益加深的相互依赖、休戚与共。

在全球化的第一阶段，先发国家利用自己的优势，通过不平等的国际经济秩序，获得超额利润，并导致巨大的国际贫富差距。在这一阶段，我赢你输的博弈使发达国家获得了巨大的收益，并导致了世界各国严重的贫富分化和强弱分化。

然而，进入全球化的第二阶段，这种输赢分化的博弈正在衰退，代之而起的是命运与共。"命运"一词，按照中国传统文化的理解，是指人的生死、贫富、祸福、苦乐遭遇。在全球化的新阶段，人类命运与共表现在经济、政治、社会和文化的各个方面。

如在经济上，任何国家的经济危机都会迅速传播和扩散，形成多米诺骨牌效应。再如，在政治和社会等层面，西方国家支持怂恿一些国家的反政府

力量,而这些国家的社会动荡导致的难民潮,却使西方国家本身的治安陷入紧急状态。所有这些现象都昭示着,输赢分化的全球化时代行将结束,命运与共的全球化新时代正在到来。

在命运与共的全球化新阶段,只有相互扶助、相互促进、利益共享,才能共同发展、共同繁荣、共保安宁。

"人类命运共同体"的理念,反映了在全球化新阶段世界利益关系格局的这种新变化。而"构建人类命运共同体"的理念,是我们对未来人类社会的愿景。

构建人类命运共同体,要求建立共商共建共享的新型全球治理结构。如在经济上,人类命运共同体要求合作共赢,共同发展、利益共享,追求自身利益的同时兼顾他方利益;各国同舟共济,而不是以邻为壑,搞贸易保护主义,画地为牢,损人不利己。推动建设一个开放、包容、普惠、平衡、共赢的经济全球化,既要做大蛋糕,更要分好蛋糕,着力解决公平公正问题。

人权是全球治理的重要维度。全球人权治理的目标,是促使各个国家尊重、保护和促进人权的实现。它既是全球治理所要达成的重要目标,又是对全球治理过程、方式和手段的重要"边际约束"。"构建人类命运共同体"既对全球治理提出了要求,也对全球人权治理结构提出了反思和重构的要求。

总之,构建人类命运共同体对世界人权事业发展,提出了新的要求。它要求超越西方自由主义单纯强调个人人权的原子论视野,约束国际霸权主义的为所欲为,从人类命运休戚与共的视角调整个人人权、各国人民的集体人权和人类集体人权之间的结构关系,从而确保在全球化的新阶段,人类整体的生存、发展、安全和健康。

(作者为南开大学人权研究中心主任)

《人民日报海外版》(2017年06月15日第01版)

中国开放的大门不会关闭
只会越开越大

时代之问的中国答卷

华益文

适逢中国改革开放40周年,国家主席习近平在博鳌亚洲论坛2018年年会开幕式上,发表了题为《开放共创繁荣 创新引领未来》的主旨演讲。他强调各国要顺应时代潮流,坚持开放共赢,勇于变革创新,向着构建人类命运共同体的目标不断迈进,中国将坚持改革开放不动摇,继续推出扩大开放新的重大举措,同亚洲和世界各国一道,共创亚洲和世界的美好未来。

世界媒体注意到,就"人类社会向何处去""亚洲前途在哪里"的"时代之问",习主席提出精辟见解。

面对复杂变化的世界,只有不畏浮云遮望眼,善于拨云见日,才能把握历史规律,认清世界大势,进而才能就前进的道路做出正确的抉择。在习近平看来,当今世界,需要把握好三大历史潮流,也就是历史规律——和平合作的潮流、开放融通的潮流、变革创新的潮流。

这是积中国40年改革开放的经验启示。40年来,中国之所以取得历史性进步,离不开全体人民紧扣和平与发展的时代主题,上下求索,与时俱进,锐意进取,敞开胸襟,拥抱世界。习近平指出,中国人民坚持对外开放基本国策,打开国门搞建设,成功实现从封闭半封闭到全方位开放的伟大转折。

这是积中国40年外交实践的经验启示。中国长期坚持独立自主的和平外交政策,在维护国家主权、安全、发展利益的同时,寻求构建全球伙伴关系网,在对外关系中突出和平与发展的时代主题,强调和平发展的共同性、包容性与开放性,而且为和平与发展的时代主题增添了"合作"与"共赢"的色彩。

时代潮流之下,世界免不了遭遇逆流、潜流和扰流。冷战思维、你输我赢、零和博弈还大有市场，妄自尊大、恃强凌弱、以邻为壑还时有显现，封闭守旧、排斥变革不乏其人。特别是在世界多极化和经济全球化加速发展的今天，单边主义与多边主义的矛盾以及保护主义与自由贸易的矛盾还很突出，为一己之私宁愿对抗、不愿对话的冲动依然存在。实现和平、发展、合作、共赢，任重而道远。

正是从顺应、引领和推动时代潮流，携手应对全球性挑战出发，习近平指明了中国特色大国外交新路，并向世界提出推动构建人类命运共同体、构建新型国际关系的倡议。这一倡议得到越来越多国家和人民欢迎和认同。在上述演讲中，习近平提出，面向未来，希望各国人民同心协力、携手前行，努力构建人类命运共同体，共创和平、安宁、繁荣、开放、美丽的亚洲和世界。这是对"时代之问"的最好回应，也昭示了破解"时代之问"、推动构建人类命运共同体和新型国际关系的五大路径。

时代潮流，浩浩荡荡，顺之者昌，逆之者亡。中国勇立时代潮头，从容应对国际风云激荡，决意走出一条与历史上传统大国不同的、具有中国特色的民族复兴之路和大国外交新路。

习近平曾指出，"放眼世界，我们面对的是百年未有之大变局"。随着综合实力不断提升、日益走近世界舞台中央，中国在国际上的影响力、感召力、塑造力愈加显现，同时随着中外交融性、关联性、互动性不断增强，受到外部影响也会加大。

有着40年改革开放的厚重积累，有着对当今时代潮流和国际大势的正确认识和把握，有着对新时代新征程的顶层设计和总体布局，凭着忧患意识、底线思维、战略定力，中国特色大国外交新路必将越走越宽广，也会为解答"时代之问"提供更加有效的中国方案。

(作者为国际问题专家)

《人民日报海外版》（2018年04月11日第04版）

扩大开放是中国主动战略之举

苏晓晖

4月10日，习近平主席在博鳌亚洲论坛2018年年会开幕式上发表主旨演讲，阐示中国扩大对外开放的政策走向和重大举措。

中国计划大幅度放宽市场准入，创造更有吸引力的投资环境，加强知识产权保护，主动扩大进口。习主席在讲话中强调，落实举措宜早不宜迟，宜快不宜慢。仅一天之后，中国央行行长易纲就宣布了进一步扩大金融业对外开放的具体措施和时间表，充分表明中国对外开放言必信、行必果，展现出负责任大国的担当。

对外开放是中国的基本国策。改革开放40年间创造了"中国奇迹"。中国国内生产总值年均增长约9.5%，成为世界第二大经济体、第一大工业国、第一大货物贸易国、第一大外汇储备国。1997年东亚金融危机和2008年国际金融危机爆发后，中国发挥了重要的稳定作用，并为地区和世界复苏提供源源动力。中国倡议共建"一带一路"，为世界发展提供公共产品。改革开放不仅成就了崛起的中国，也深刻影响了世界。

中国对世界发展大势进行冷静观察和综合研判，认定经济全球化是不可逆转的时代潮流，打开开放大门是顺势而为。中国为国家发展设定方向，将坚定不移奉行互利共赢的开放战略，坚持引进来和走出去并重，推动形成陆海内外联动、东西双向互济的开放格局，实行高水平的贸易和投资自由化便利化政策，探索建设中国特色自由贸易港。2018年是改革开放40周年。中国今年多场主场外交活动都将围绕、凸显开放合作理念。上海即将举办的首届中国国际进口博览会,是中方主动开放市场的重大政策宣示和行动。今年也将成为中国特色自由贸易港建设起步之年。中国秉持互利互惠、合作共赢原则,契合世界各国人民实现发展合作的共同愿望。中国以实际行动实施开放合作,为世界发展提供重要机遇。

扩大开放是中国基于既定政策目标的主动战略之举,目标是实现中华民族伟大复兴,共同推动构建人类命运共同体。中国坚持公平正义,绝不会因某一国家的一己私利和任性而为做出让步,更不会迫于压力放弃国家利益、违背多边贸易规则。

近一时期,美经贸政策单边保护主义色彩浓重,执意挑起对华贸易摩擦,后果很严重。对习主席在博鳌的演讲以及中方扩大开放态势,美方表态中有一些积极因素,但中国对美要听其言观其行。美应认识到逆潮流而动必将付出沉重代价,希望美国迷途知返。

参与博鳌亚洲论坛的国际货币基金组织总裁拉加德高度赞赏中国将坚定推进改革开放的积极信息,认为世界需要像中国这样的领导力量。中国将继续以主动战略规划促进人类和平与发展的崇高事业。

(作者为中国国际问题研究院国际战略研究所副所长)

《人民日报海外版》(2018年04月12日第01版)

中国开放的大门只会越开越大

梅新育

10月18日,习近平总书记做十九大报告时说,"中国坚持对外开放的基本国策,坚持打开国门搞建设","促进贸易和投资自由化便利化"。中国开放的大门不会关闭,只会越开越大。

而就在10月17日,英国商务、能源与产业战略大臣格雷格·克拉克却提议,将在英国的外资企业并购审查标准调整得更为苛刻。按英国现行法律,在该国营业额超过7000万英镑(约合人民币6.1亿元)或市场份额达到25%以上的公司并购,才需要政府审查。而格雷格·克拉克建议将上述审查标准降低到在英国营业额100万英镑(约合人民币873万元),而且取消了市场份额达到25%的要求。

须知,英国是自由放任哲学和自由贸易理论的故乡,是上百年来堪称欧洲最自由开放的主要经济大国。如今,亚当·斯密和李嘉图老家的商务大臣提出反投资自由的观点,是否有些匪夷所思?无独有偶。德国已经颁布实施了限制外资并购的新法规,而且得到欧元区、欧盟另外两大支柱国家法国和意大利力挺,新的保护主义政策或将推广到整个欧盟。此外,美国对外经济政策的现状也是"美国优先"。

没有什么比这更能显示当前中国与西方精神风貌的迥然不同了。前者满怀自信,进一步大幅度向外商外资扩大开放;后者则对自己经济社会发展所必需的外资外商收紧政策。1840年,英国舰队用鸦片和大炮敲开了清政府闭关锁国的大门。177年后的今天,中国已经强大起来,中华民族正以崭新姿态屹立于世界东方。而此时，西方却在往后退。

事实上，当今时代，没有哪个国家能够独自应对人类面临的各种挑战，也没有哪个国家能够退回到自我封闭的孤岛。因此，中国一直呼吁，各国人民应该同心协力，构建人类命运共同体。

万商云集才是兴旺气象。在全球化方面，中国支持多边贸易体制，促进自由贸易区建设，推动建设开放型世界经济。从十九大报告中就能看出，中国的开放政策保持着定力。十九大报告提出，要以"一带一路"建设为重点，坚持引进来和走出去并重，遵循共商共建共享原则，加强创新能力开放合作，形成陆海内外联动、东西双向互济的开放格局，等等。

与普遍陷入"否决政治"泥潭、政界穷于应付争论而空耗时日的西方国家不同，中国保持了优于世界其他大国的宏观经济与政治稳定性，又通过全面从严治党进一步增强了凝聚力和执行力。未来，中国不会追求自由贸易旗手的名号，也不会作出超越自己国力的承诺，但会继续坚持扩大开放并作出更大努力，在扩大市场准入方面迈出更大步伐。

东西方迥然不同的精神风貌，东西方迥然不同的政策取向……对比了这一切之后，海外有雄心的投资者、有才干的科技人才，为何不来中国闯闯呢？

(作者为商务部研究院研究员)

《人民日报海外版》（2017年10月24日第01版）

让改革开放时代旋律更强劲

杨 凯

习近平主席的新年贺词,是中国在2018年向全世界传递的第一曲心声。一个伟大的民族、一个伟大的国家、一个伟大的政党和一群伟大的人民,在跨入新年之际,用最简洁的方式再一次展现了自己的光荣与梦想、定力与激情。

今天的中国人拥有极大的信心和底气,很大程度上来源于过去40年的经历与成就。40年,放在历史的长河里,不过弹指一挥间,可是身处其间的亲历者知道,能够持续有效地把握住这么长的时间窗口,推动国家稳定发展,是多么不容易。

40年改革开放历程与持续和平发展,从一定意义上说形成了两个方面的影响:一方面体现在国家物质财富的巨大积累,中共十九大报告中所表述的"从站起来、富起来到强起来的伟大飞跃","富起来"承前启后,主要就是指改革开放以来这三四十年,毫无疑问,这种积累为中国走向"强起来"奠定了坚实的物质基础;另一方面则体现在改革开放改变了各种不合时宜的思想观念,逐渐形成了中国人对自己道路、理论、制度、文化的高度自信,同时也为今天和未来的中国培养了治国理政的精英人才。

如中共十九大之后诞生的"政治家集团",这些中国政治高层人物无一不是在改革开放时代成长起来的干部。他们很多人"宰相起于州部,猛将发于卒伍",从基层工作就开始熟谙改革开放理念,担当改革开放任务,施展改革开放手段,既充分体会到改革开放为中国带来的巨大改变,也完全能感觉到改革开放在观念上、在实践中所遭遇到的艰难险阻。所以，习近平在新年贺词中说，"我们要以庆祝改革开放40周年为契机，逢山开路，遇水架桥，将改革进行到底"。——这句话里既有对过去的肯定和致敬，更有面对未来的果敢和勇毅。

当前中国进入新时代，主要矛盾发生变化。改革开放是为解决矛盾应运而生的"必由之路"，理当产生应对矛盾新变化的时代特点。新时代的改革征途中，面对更为复杂的国内国际环境，中国的改革开放无疑需要比以往更加全面的思考、谋划、部署和落实。因此，中共十八届三中全会聚焦"全面深化改革"，提出了"完善和发展中国特色社会主义制度、推进国家治理体系和治理能力现代化"的全面深改总目标；而中共十九大要求推动形成"全面开放新格局"，明确宣示"中国开放的大门不会关闭，只会越开越大"。

1978年，中国改革开放起步之际，"冷战"远未结束，天下并不太平。当此之时，邓小平准确地把和平与发展判断为时代潮流，果断地把改革与开放定位于时代旋律。正是这样的战略眼光和战略决断，使得中国知机先行，赢得未来。

40年后，中国以负责任的社会主义发展中大国形象伫立东方，国际格局发生了重大变化，习近平提出的"人类命运共同体"理念受到国际社会高度赞成，"一带一路"建设利好沿线国家。各方对人类和平与发展的前景既有期待，也有忧虑。从这个意义上说，不仅中国需要改革开放，世界也需要改革开放。全球应该携手让改革开放的时代旋律更加强劲，共同开辟人类更加繁荣安宁的美好未来。

（作者为本报主任编辑）

《人民日报海外版》（2018年01月02日 第01版）

面朝大海　再沐春风

梅新育

从长期视角看，如果要给本周纷繁的世界经济选一个主题词，毫无疑问应该是来自中国的"开放"。

从在博鳌亚洲论坛上宣布一系列主动扩大对外开放举措，到在庆祝海南建省办经济特区30周年大会上宣布海南全岛建设自由贸易试验区和中国特色自由贸易港，习近平以坚定的承诺告诉世界：中国开放的大门不会关闭，只会越开越大。

对于全世界来说，正确的选择是：充分利用一切机遇，合作应对一切挑战。自4月13日起，海南全岛建设自由贸易试验区和自由贸易港走进世界视野。这是彰显中国扩大对外开放、积极推动经济全球化决心的最新重大举措。

对于中国自身而言，在改革开放40周年之际，主动大幅度扩大开放，既有利于推动经济全球化，也标志着中国"第二次革命"（改革开放）再度出发，"以开放促改革"。让我们回顾中共十八届三中全会《中共中央关于全面深化改革若干重大问题的决定》，其第七章"构建开放型经济新体制"明确宣示了"以开放促改革"的思路——

"适应经济全球化新形势，必须推动对内对外开放相互促进、引进来和走出去更好结合，促进国际国内要素有序自由流动、资源高效配置、市场深度融合，加快培育参与和引领国际经济合作竞争新优势，以开放促改革。"类似的表述，在其后的党代会报告和《政府工作报告》中，一再出现。

为什么要"以开放促改革"？从社会形态的发展来看，社会主义经济本质上就必然要求是一种开放经济。后发国家，在工业化起步之初不得不对本国市场实施了较高程度的保护，但这种保护不是目的，只是阶段性的工具；随着中国国内产业发展日益成熟，随着中国以远超世人预期的出色成绩克服一个又一个掣肘发展中国家经济发展与宏观经济稳定的"缺口"，客观上需要不断与时俱进，扩大对外开放，通过更大规模利用国际市场的投入品来保持国内制造业和其他产业的成本竞争力，通过分享中国成长的机会来引导外部贸易伙伴与中国市场接轨，通过引进竞争压力的"鲶鱼效应"强化国内市场竞争，保持国内产业的活力。

站在更高层次上审视，"以开放促改革"的意义绝不仅仅局限于经济领域，而是将波及全社会。任何事物都是一分为二的，长期的和平繁荣不可避免会孳生出一系列分利集团。能否打破这种分利集团并有效遏制其复发，是决定一国和平繁荣能否持久的关键。古今中外，概莫能外。

中共十八大以来的一系列作为，客观上也是打破了改革开放时期孳生的一系列分利集团的利益格局。在此基础上，通过扩大开放、促进改革，可以消除中国改革开放的暮气，为整个国家、整个社会注入新的奋斗朝气。

北有雄安，南有海南，它们都充满新的奋斗朝气，是试验区，是希望之地，是奋斗中国的缩影，让人看到未来。任何一个经历了长期和平繁荣的社会客观上都需要自我革新，但能够拥有这种勇气、决断与执行能力的政党和国家很少。

面朝大海，再沐春风。今日之中国表现出了这种可贵的勇气、决断与执行能力，在"第二次革命"40周年之际，再度出发。

（作者为商务部研究院研究员）

《人民日报海外版》（2018年04月14日第01版）

开放怀抱等你 你会爱上这里

胡鞍钢 李萍

习近平主席在博鳌亚洲论坛2018年年会开幕式上发表题为《开放共创繁荣 创新引领未来》的主旨演讲,重申了中国对外开放的坚定立场,在对外开放方面采取一系列新的重大举措,影响重大、意义深远。

近年来,贸易保护主义升温,经贸摩擦进入高峰期,美国带头挑起各种贸易摩擦,可能会殃及刚刚复苏的世界贸易投资增长。世界面临开放还是封闭、前进还是后退的抉择关口。沧海横流方显英雄本色。在这样的背景下,习近平主席明确表态:中国开放的大门不会关闭,只会越开越大!

改革开放是实现中华民族伟大复兴的必由之路,是中国的第二次革命。它使中国日益接近世界舞台中央,成为全球经济增长的"重要引擎"、全球创新的"排头兵"、绿色生态发展的"先行者"、新一轮经济全球化的"引领者"。

中国将大幅度放宽市场准入,加大开放力度。中国正加速构建开放型经济新体制,在开放领域和开放程度方面还有较大空间和潜力。过去五年中国两次修订《外商投资产业指导目录》,限制性措施较2012年缩减65%,仅剩63条,其中制造业有11条限制性措施,服务业有42条限制性措施。

中国正创造更有吸引力的投资环境。中国正在从"吸引外资大国"快速转变为"对外投资大国",外商直接投资和对外直接投资已居世界前列,但仍需要创造更有吸引力的投资环境,在全球吸引资金竞争中保持已有优势、创造新优势。

中国加强知识产权保护。完善知识产权制度，加强知识产权保护既是中国加快建设创新型国家的必然要求，也是世界新一轮科技革命和产业变革的有效动力。中国已经成为世界最大的商标、发明专利申请量与授权量国，世界第二大国际专利申请量国，有效发明专利保有量居世界第三。产权制度是社会主义市场经济的基石，完善知识产权制度，加强知识产权保护，既是我国加快建设创新型国家的内在需求，也是世界新一轮科技革命和产业变革的有效力。

中国主动扩大进口。中国已成为世界最大的市场之一，已占世界进口总量比重的1/10左右，但仍有相当大的提升空间。中国对外贸易政策已经开始从重视出口创汇向进出口并重转变，在支持出口增长的同时，积极扩大进口，追求对外贸易的平衡发展。扩大进口不仅可为国内消费者提供更多优质优价的选择，也有助于带动技术进步和产业升级。

中国改革开放40年，成功实现从封闭、半封闭到全方位开放的伟大转折，从世界第29位货物贸易体一跃成为世界第一大货物贸易体，创造了对外开放、融入世界经济的奇迹，也成为世界经济增长、贸易增长的主要动力源和稳定器。

中国开放的大门不会关闭，只会越开越大。中国从积极融入经济全球化到积极引领经济全球化，将致力于推动经济全球化朝着更加开放、包容、普惠、平衡、共赢的方向发展，也将持续推进自身的全面开放，为世界创造更大的发展机遇。

（作者分别为清华大学国情研究院院长、清华大学国情研究院助理研究员）

《人民日报海外版》（2018年04月19日第01版）

中国全方位开放坚定不移

罗来军

中国两会,世界关注,今年尤其如此。世界经济低迷、全球治理失衡、逆全球化思潮抬头……当今的世界变局呼唤中国担当,全球治理期待中国方案。世界不仅关注两会上中国国内的"治国"举措,更关注中国对外的"领世"方略。而中国两会传来的声音也在向世界作出有力回应:"中国开放的大门不会关上","亮明我国向世界全方位开放的鲜明态度"。

面对逆全球化思潮,中国已成为经济全球化的坚定倡导者和捍卫者。中国国家主席习近平在达沃斯世界经济论坛2017年年会释放了一个强烈信号:中国坚决捍卫经济全球化。经济全球化是社会生产力发展的客观要求和科技进步的必然结果,它为世界经济增长提供了强劲动力,也确实带来了新问题。但把困扰世界的问题简单归咎于经济全球化,既不符合事实,也无助于问题解决。世界各国要适应和引导好经济全球化,消解负面影响,更多释放正面效应。

对于经济全球化,中国不仅是倡导者,更是践行者。近日,习近平总书记参加上海代表团审议时指出,建设自由贸易试验区是党中央在新形势下全面深化改革、扩大对外开放的一项战略举措。中国开放的大门不会关上,要坚持全方位对外开放,继续推动贸易和投资自由化便利化。上海要解放思想、勇于突破、当好标杆,对照最高标准、查找短板弱项,大胆试、大胆闯、自主改,进一步彰显全面深化改革和扩大开放试验田的作用,亮明我国向世界全方位开放的鲜明态度。

上海是中国对外开放的重要窗口，也是中国其他地方对外开放的标杆。上海建设扩大开放试验田，将给其他地方提供参考和示范。上海实施全方位开放所取得的可复制经验和做法，也将推广到其他地方，带动中国整体对外开放。可以说，上海全方位开放的标准，将逐步成为中国全方位开放标准。更进一步来看，中国全方位开放也将成为世界各国开放的标杆。

有关扩大对外开放，2017年政府工作报告作出多项具体部署：扎实推进"一带一路"建设、落实和完善进出口政策、大力优化外商投资环境、推进国际贸易和投资自由化便利化。报告还指出，中国将坚决维护多边体制的权威性和有效性，反对各种形式的保护主义；愿与国际社会一道，为打造人类命运共同体作出新的贡献。

这些部署，表明了中国在经济全球化上的鲜明特点：积极而务实。中国政府的具体工作，成为推进经济全球化的切实行为。中国的实践也将为世界各国融入经济全球化提供范本。

(作者为中国人民大学国家发展与战略研究院研究员、经济学院教授、中国方案研究院执行院长)

《人民日报海外版》（2017年03月08日第01版）

构建人类命运共同体

打造共同命运　提振世界经济

石建勋

世界经济论坛2018年年会1月23日至26日在瑞士达沃斯举行，主题为"在分化的世界中打造共同命运"。

一年前在达沃斯论坛和联合国日内瓦总部，中国国家主席习近平相继发表题为《共担时代责任　共促全球发展》和《共同构建人类命运共同体》的主旨演讲，引起世界广泛关注和共鸣。2018年达沃斯论坛主题，堪称习近平主席这两次演讲主题的延续。

近年来，中国提出的"构建人类命运共同体"理念、"共商共建共享"原则等深受关注。中国从新理念、新动力等方面，对世界、对经济全球化作出了新贡献。

中国为经济全球化注入新理念。一年前，面对美国大选后保守主义、民粹主义、保护主义、排外主义等"逆全球化"思潮抬头，世界面临开放与封闭、合作与冲突、变革与守旧抉择的关键时间窗口，习近平主席不远万里来到达沃斯和联合国日内瓦总部，向世界庄严表明，中国旗帜鲜明反对保护主义，引领经济全球化向更加包容普惠的方向发展。一年来，构建人类命运共同体理念，被国际社会广泛接受，多次出现在联合国相关文件和决议中。这一符合时代进步潮流，极具包容性和前瞻性，超越民族、国家和意识形态的先进理念，不仅是改革完善全球治理的新理念，也是经济全球化发展的新方向，更是提振世界经济的新思路。

中国为全球化注入新动力。中国积极推动新型全球化，坚持开放发展，既为实现自身繁荣发展创造条件，也为构建人类命运共同体贡献力量。2017年5月，"一带一路"国际合作高峰论坛在北京举办，这是各方共商共建"一带一路"，共享互利合作成果的国际盛会，也是对接彼此发展战略的重要合作平台。高峰论坛期间及前夕，达成一系列合作共识，形成270多项具体成果，为深入推进"一带一路"建设合作项目落地，拓展国际合作新领域、打造合作新亮点，为推动沿线国家乃至世界各国互利共赢、共同发展作出了积极贡献。

中国为提振世界经济作出新贡献。2017年中国国内生产总值达82.7万亿元，同比增速达6.9%，为7年来首次回升。从增长动力看，消费成为中国经济增长主动力，最终消费支出对国内生产总值增长的贡献率为58.8%。国际货币基金组织报告认为，2017年中国对全球经济增长的贡献约占1/3，在世界经济贸易双复苏中发挥领头羊作用。2018年11月，将在上海举办首届中国国际进口博览会，通过开放和共享中国市场，体现中国负责任的大国担当，有利于形成示范效应，为推动构建人类命运共同体创造条件，为全球经济强劲可持续平衡增长作出更大贡献。

世界是一个大家庭。世界经济你中有我，我中有你，任何国家、企业和个人都不可能独自应对国际舞台上各项挑战，而是需要通力合作，共同构建互利共赢的命运共同体。打造开放、包容、普惠、平衡、共赢的新型经济全球化，构建人类命运共同体的历史潮流不可阻挡。

（作者为同济大学财经研究所所长、上海市中国特色社会主义理论体系研究中心特约研究员）

《人民日报海外版》（2018年01月24日第01版）

改善全球治理的一股清风

顾 宾

构建人类命运共同体，是新时代中国主动参与全球治理变革的顶层设计。两年前开业的亚洲基础设施投资银行（简称亚投行），是构建人类命运共同体的新平台、新机制。办好亚投行，对于开辟一条不同于战后布雷顿森林体系的新的全球治理路径，具有非凡的示范意义。

"横"看"纵"看亚投行。"横"看，是指比较视角。传统多边开发银行在开发金融机制建设和业务运营方面积累了大量"国际实践"，亚投行以全球视野注意与同类机构交流互鉴，从而稳步构建其"精干、廉洁、绿色"的核心理念。如亚投行实行的非常驻董事制度，就是借鉴了欧洲投资银行的做法。

"纵"看，是指历史视角。二战后曾陆续建立多家多边开发银行，声称目的是帮助发展中国家发展，但由于实际上的投资业务并未与目标相契合，几十年来，不仅在目标实现上不成功，而且自身声誉和形象受损。亚投行后来居上，集中资源投资发展中国家的基础设施，以务实、开放、创新的姿态，为改善全球治理注入一股清风。

把握多边开发银行的内在规律。相比商业银行，由于有成员政府强有力的支持和分期放贷的监督机制，多边开发银行影响借款方的能力更强。体现在争端解决机制上，多边开发银行的特点是"非法律式"，亚投行也将主要以谈判协商的方式解决争端。鉴于其使命所在，多边开发银行的功能之一是动员私营资本参与投资，为此世界银行建立了为私营资本提供争端解决机制的国际机构ICSID。亚投行也把撬动私营资本作为其重要目标之一，只要符合业务目的，且不违反章程明确规定，未来就有可能建立类似ICSID的机构，"一带一路"项目成为其主要业务来源。

从亚投行看全球经济治理，也从全球经济治理看亚投行。从亚投行看全球经济治理，是指亚投行是21世纪新型多边开发银行。"新型"，注定了亚投行必须创新，在实践中展示其创造性。作为亚投行的倡议国和最大股东，中国从未一家独大。作为构建人类命运共同体的新平台，亚投行坚持共商共建共享原则。

从全球经济治理看亚投行，是指亚投行要坚持高标准。这既是对治理架构的要求，也体现在具体的投资项目中；既体现在环境和社会政策的制定、完善和落实上，也体现在项目采购规则的设计和执行过程中。亚投行坚持的高标准必须能落地、可执行。

(作者为北京外国语大学法学院助理教授)

《人民日报海外版》 (2018年02月07日 第01版)

人间自有公道　阳光自当普照

贾秀东

伴随着中国的持续发展壮大，国际上"中国威胁论"也不断出现新的版本。事实上，中国人实现中国梦的过程给世界带来的是和平，不是动荡；是机遇，不是威胁。正如国家主席习近平在十三届全国人大一次会议上讲话时所说："对中国人民为人类和平与发展作贡献的真诚愿望和实际行动，任何人都不应该误读，更不应该曲解。人间自有公道在！"

第一，数据会说话，事实胜于雄辩。中国是全球经济增长的主要贡献者，年均贡献率达到30%以上，超过美国、日本以及欧元区国家的总和。由于对华经贸关系的拉动，不少国家躲过了国际金融危机带来的巨大风险，或者较早摆脱了这一危机的消极影响。中国是全球减贫事业的主要贡献者，对世界减贫的贡献率超过70%，创造了人类历史上的奇迹，而且还帮助一些欠发达国家脱贫致富。中国还是维护世界和平的主要贡献者，成为联合国安理会五个常任理事国中派出联合国维和人员最多的国家，维和经费出资居世界第二位。

第二，不搞"零和游戏"，行动胜于空谈。历史上，那些走国强必霸老路的国家，笃信"零和游戏"，往往以自己的利益为圆心画半径，以是否符合一己之私来判定国家关系的亲疏，来制定对他国政策。中国则以国家间的共同利益为基础开展对外关系，愿意和各国在相互尊重、平等互利的基础上发展关系，决不会以牺牲别国利益为代价来发展自己。中国的发展不是自私自利、损人利己、我赢你输的发展。远的不说，过去5年，中国提出"一带一路"等重大倡议，积极参与全球治理，维护贸易自由化和开放型世界经济，秉持的都是共商共建共享原则。推动构建相互尊重、公平正义、合作共赢的新型国际关系，推动构建人类命运共同体，已成为新时代中国特色大国外交的目标。

　　第三，编织全球伙伴关系网，中国获点赞。中国在国际关系中不搞拉帮结派，更不搞拉一派打一派。在全球化时代，世界各国相互依存度不断增加，需要的是能够同舟共济的合作伙伴，而不是单枪匹马的英雄。中国本着对话而不对抗、结伴而不结盟的精神，致力于同各国建立平等、开放、包容、合作、共赢的伙伴关系。中国秉持亲诚惠容的理念，让周边国家和人民更多分享中国改革开放的红利。中国与非洲、拉美等发展中国家合作发展迅猛，很大程度上因为这种合作符合这些国家的需要，有助于改善其民生，提高自主发展能力。正所谓"志合者，不以山海为远"。中国与欧美发达国家的合作在本质上也是平等互利的，这些国家支持发展对华关系的力量和意见仍占据主流。

　　中国的发展得益于同世界的良性互动，中国也将以自身发展促进世界的和平与发展。中国既不会妄自尊大，也不会妄自菲薄。中国屡经磨难，选择了最符合自身国情和人民意愿的发展道路和制度框架，探索出一条国家治理的新路子，不仅积累了大量财富，更积累了丰富的经验，更加自信。只要中国自己不停歇，任何人都阻挡不了中国人民实现中国梦的步伐，阻止不了中国与世界良性互动的大趋势。正如习近平所说，中国将为世界贡献更多中国智慧、中国方案、中国力量，推动建设持久和平、普遍安全、共同繁荣、开放包容、清洁美丽的世界，让人类命运共同体建设的阳光普照世界！

（作者为本报特约评论员、中国国际问题研究院特聘研究员）
《人民日报海外版》（2018年03月22日第01版）

博鳌论坛影响力越来越大

张 洁

博鳌亚洲论坛2018年年会，4月8日将在海南拉开帷幕。中国国家主席习近平将应邀出席论坛年会开幕式并发表重要主旨演讲，会见与会外国国家元首、政府首脑和国际组织负责人，集体会见论坛理事，并同与会中外企业家代表座谈。

各界预期，正值中国改革开放40周年之际，贯彻落实中共十九大精神的开局之年，习近平主席将在主旨演讲中对中国改革开放的经验与启示作出深刻论述，对新时期继续扩大开放和深化改革作出权威阐述，就推动构建亚洲和人类命运共同体、开创亚洲和世界美好未来发出中国的声音。

习主席的主旨演讲，将是本次论坛最大的亮点。这次演讲，对深入推进新时代中国特色大国外交、推动构建亚洲和人类命运共同体具有重大意义。

博鳌亚洲论坛，是在亚洲多个国家政要共同倡议下、在1997年亚洲金融危机后应运而生的国际性会议组织，其初衷是构建一个亚洲人讨论亚洲事务的平台和场所。近年来，随着中国与亚洲在全球经济中的权重不断加大，以及中国政府给予的大力支持，博鳌亚洲论坛的功能和议题已经大为扩展，逐渐成为兼具亚洲特色和全球影响的国际交流平台。

2018年度的博鳌亚洲论坛年会，以"开放创新的亚洲，繁荣发展的世界"为主题，设置了"全球化与'一带一路'""开放的亚洲""创新""改革再出发"等四大板块。这表明论坛将围绕最重要的两组关系——开放与改革、中国与世界，展开深入的探讨。据悉，将有来自全球的2000多位嘉宾会聚论坛。不仅如此，中国财政、金融等部门负责人将随习近平主席参会，并阐述新财金班底的政策思路，公布金融业改革开放的政策和举措。因此，此次论坛年会，无疑将为世界和亚洲更为深入具体地了解中国模式的成功经验提供机会，也将成为中国与国际各界人士共商合作共赢大计，共谋发展繁荣良方的盛事。

博鳌，意为鱼类丰饶之地。在过去17年间，博鳌从一个默默无闻的滨海小镇，发展成为日益具有国际影响力的亚洲论坛的永久性会址，已经成为中国改革开放成就的一个缩影，也是中国逐步国际化，走近世界舞台中央的代表之一。

习近平主席此行，是其8年来第4次参加博鳌亚洲论坛。这在相当程度上提升了博鳌亚洲论坛的国际影响力与吸引力，也为论坛的长久发展注入了深厚活力。根据权威信息，多国国家元首、政府首脑和国际组织负责人已确定参加博鳌论坛，其中一些政要还将在会后访华。

这充分体现了，博鳌亚洲论坛作为2018年中国四大主场外交活动的开局之作，所具有的广泛联动效应。未来，顺应天时地利人和，博鳌亚洲论坛将进一步丰富自身功能和活动方式，在凝聚亚洲共识，推动区域合作，坚定支持全球化方面发挥越来越重要的作用。

（作者为中国社科院亚太与全球战略研究院研究员）

《人民日报海外版》（2018年04月06日第01版）

为世界谋大同　彰显天下情怀

贾秀东

4月8日，国家主席习近平会见来访的联合国秘书长古特雷斯时表示，"我们所做的一切都是为人民谋幸福，为民族谋复兴，为世界谋大同"。习近平所言是中国共产党不变的宗旨和不忘的初心。

俗话说，"开门七件事，柴米油盐酱醋茶"。对于中共来说，"一枝一叶总关情"，关心广大民众的日常需求、安危冷暖、喜怒哀乐，为民众排忧解难，增强民众幸福感与获得感，非常接地气，职责所在，是为"为人民谋幸福"。从国家和民族的前途与命运来说，实现中华民族从站起来、富起来到强起来的历史性转变，显著增强综合国力，显著提高国际地位，也是中共的历史使命，是为"为民族谋复兴"。

为世界谋大同，则是"为人民谋幸福，为民族谋复兴"的自然延伸。不仅希望中国人民自己过得好，也希望各国人民都过得好，秉持"内外兼修、兼济天下"，把中国发展与世界发展联系起来，为人类进步作出更大贡献，同样是中共的历史使命。世界好，中国才会好。中国好，世界才会更好。由此习近平提出人类命运共同体概念，既充分体现了中共对人类前途命运的关注和追求世界大同的奋斗精神，也体现了中国作为负责任大国的担当意识。

为世界谋大同，根植于深厚的中国传统文化。习近平说过，中华民族历来讲求"天下一家"，主张民胞物与、协和万邦、天下大同，憧憬"大道之行，天下为公"的美好世界。不论是"人类命运共同体"倡导，还是构建新型国际关系的实践，都贯穿着"为世界谋大同"的理念。

为世界谋大同，并不是追求单一模式一统天下。习近平曾指出，我们愿同世界分享中国的发展机遇和经验，但绝不会将自己的道路、模式、理论强加于人。我们不"输入"外国模式，也不"输出"中国模式，不会要求别国"复制"中国的做法。各国文化不同，国情各异，是客观现实。"谋大同"意味着秉持"天下一家"理念，彼此理解，求同存异，寻求人类和平发展的最大公约数，共同为构建人类命运共同体而努力。

为世界谋大同，不是一家独大、唱独角戏。面对复杂的国际形势和全球性问题，任何国家都不可能独善其身、一枝独秀。当今世界最需要摒弃你输我赢、赢者通吃的老一套逻辑，尔虞我诈、以邻为壑的老一套办法。习近平提出人类命运共同体的理念，倡导构建新型国际关系，推进"一带一路"倡议，致力于全球治理，都贯穿着"共商共建共享"原则，强调一个"共"字。

为世界谋大同，并非乌托邦，也不可能一蹴而就。推动构建人类命运共同体和新型国际关系，中国既充满信心，又很清醒。习近平说，我们应该锲而不舍、驰而不息进行努力，不能因现实复杂而放弃梦想，也不能因理想遥远而放弃追求。

可以相信，不论国际形势如何变幻，中国"为世界谋大同"的初心不会改变，将以实际行动，坚定不移推动构建人类命运共同体，始终做世界和平的建设者、全球发展的贡献者、国际秩序的维护者，为人类持久和平、发展和繁荣不断贡献中国智慧和力量，让中华民族伟大复兴的中国梦与人类命运共同体的美好愿景交相辉映。

（作者为本报特约评论员、中国国际问题研究院特聘研究员）

《人民日报海外版》（2018年04月10日第01版）

合作画出金砖"同心圆"

罗来军

9月3日至5日,金砖国家领导人第九次会晤将在福建省厦门市举行。自2006年首次外长会议以来,金砖国家历经十年发展,已成为国际舞台上的重要力量。厦门会晤将开启下一个"金色十年"。

厦门会晤期间,中方将举行新兴市场国家与发展中国家对话会,首次邀请新兴市场国家与发展中国家的5位领导人出席,与金砖国家领导人一道,聚焦落实2030年可持续发展议程,推动建设具有全球影响的南南合作及国际发展合作平台。

中方愿与其他成员国一道,共同把金砖合作做大、做实、做强,提高金砖机制的"含金量",以造福五国并惠及世界。从范围看,金砖合作机制影响力可概括为三个层次:发端于金砖国家,扩大到更多的发展中国家,再延展至世界,合作的"同心圆"如水波一样荡漾开来。

第一个层次是金砖五国的"拳头合作"。

习近平主席曾指出,金砖国家就像五根手指,伸开来各有所长,攥起来就是一只拳头。中国、俄罗斯、南非、巴西、印度金砖五国有着共同或相似的发展阶段、发展特征和发展挑战,五国之间资源禀赋、经济发展各有优势,存在广泛而巨大的合作潜力。五国精诚合作形成一只拳头,与分散开来的五根手指相比,力量就会大增,能够结出更多互惠共赢的硕果。致力于"拳头合作",将是金砖国家合作的方向。

第二个层次是发展中国家的"活力合作"。

9月5日上午，习近平主席将主持召开新兴市场国家与发展中国家对话会。毫无疑问，金砖国家是新兴市场国家与广大发展中国家的领头羊，金砖国家的发展模式对其他发展中国家有重要参考意义。"金砖+"有助于增添金砖活力，有助于促进新兴市场国家与发展中国家共同发展，有助于建设开放、包容、普惠、共赢的全球化。作为金砖国家轮值主席国，中国今年围绕"深化金砖伙伴关系，开辟更加光明未来"的主题，举办了一系列活动，新兴市场国家与发展中国家深度参与，金砖合作机制与南南合作机制不断深化。

第三个层次是世界各国的"新路合作"。

厦门会晤期间，习近平主席将主持召开领导人小范围会议、大范围会议。其中，小范围会议的主要议题包括世界经济形势和全球经济治理、国际和地区热点问题、国家安全和发展。金砖国家作为新兴市场国家与发展中国家的代表，有责任也有能力为应对各种全球性挑战发挥积极和建设性作用。金砖合作机制将为世界各国的互惠共赢开辟合作新路，注入合作新活力。

今年2月，联合国决议首次写入习近平主席首倡的"构建人类命运共同体"理念。正所谓"一言得而天下服，一言定而天下听，公之谓也"。

合作中发展，发展中合作。为"天下人"建设"天下"，建设"天下人"的"天下"。在各方共同努力下，厦门会晤将是一场开启世界各国崭新合作的会晤。

（作者为中国人民大学重阳金融研究院高级研究员、中国方案研究院执行院长）

《人民日报海外版》（2017年09月01日 第 01 版）

人类命运共同体成全球共识

陈须隆

回顾2017年的中国特色大国外交，我们不难发现一条贯穿始终的鲜明主线，这就是推动构建人类命运共同体。

这一年，中国在推动构建人类命运共同体方面有两次重要阐述。

第一次发生在国外。2017年1月18日，在联合国日内瓦总部，习近平主席发表题为《共同构建人类命运共同体》的主旨演讲，回答了中国为何要推动构建人类命运共同体、要构建一个什么样的人类命运共同体，以及怎样构建人类命运共同体这三大基本问题，明确构建人类命运共同体旨在建设一个持久和平的世界、一个普遍安全的世界、一个共同繁荣的世界、一个开放包容的世界和一个清洁美丽的世界。这个演讲让构建人类命运共同体的中国方案植根于公认的国际秩序原则之中，并使之与联合国崇高事业全面对接，凸显了中国角色、中国贡献、中国担当，产生了广泛的世界影响。

第二次发生在国内。中共十九大报告中，明确中国特色大国外交要推动构建新型国际关系，推动构建人类命运共同体。这成为习近平新时代中国特色社会主义思想的重要内容，把推动构建人类命运共同体上升到很高的政治高度，十分有利于统一思想并坚定行动。

这一年，中国把构建人类命运共同体理念成功变成全球性共识，推动其多次载入联合国相关决议，取得历史性突破。2月10日，联合国社会发展委员会第55届会议通过"非洲发展新伙伴关系的社会层面"决议，"构建人类命运共同体"理念首次被写入联合国决议。3月17日，联合国安理会通过关于阿富汗问题的第2344号决议，"构建人类命运共同体"理念首次载入安理会决议。3月23日，联合国人权理事会第34次会议通过关于"经济、社会、文化权利"和"粮食权"两个决议，"构建人类命运共同体"理念首次载入联合国人权理事会决议。这若干个"首次"均体现了国际社会共识，彰显了中国理念和中国方案对全球治理的重要贡献。

这一年，中国打造构建人类命运共同体新平台，共同谱写历史新篇章。一是举办了"一带一路"国际合作高峰论坛，确认构建人类命运共同体是各方共同愿望。二是召开了中国共产党与世界政党高层对话会，围绕"构建人类命运共同体、共同建设美好世界：政党的责任"这一主题进行深入探讨。三是建立了南南人权论坛，倡导以合作促发展，以发展促人权，共同构建人类命运共同体。这些新平台，将承载构建人类命运共同体的重要使命，凝聚起共商共建的智慧和力量。

这一年，中国推动人类命运共同体在周边国家和地区落地生根取得新进展，迈出历史新步伐。中国加强互联互通和发展对接，妥善处理重大现实问题，依托多边合作机制，多措并举，着力打造更加紧密的中国—东盟命运共同体，具有战略意义的中老命运共同体、中越命运共同体，成效显著。

人类命运共同体理念，体现了人类共同的价值取向。回望2017年，中国以实际行动，汇聚起构建人类命运共同体的强大力量；展望未来，中国将继续为人类社会作出实实在在的贡献。

（作者为中国国际问题研究院国际战略研究所所长）

《人民日报海外版》（2017年12月28日第01版）

共创人类更加光明未来

贾秀东

中共中央总书记、国家主席习近平在中国共产党与世界政党高层对话会开幕式发表主旨讲话,分析了当今世界局势,指明了人类面临的选择,回答了"世界怎么了、我们怎么办"这一重大问题。

习近平指出,人类生活的关联前所未有,同时人类面临的全球性问题数量之多、规模之大、程度之深也前所未有。世界各国人民前途命运越来越紧密地联系在一起。

同一片蓝天,同一个家园,一荣俱荣、一损俱损。面对两个"前所未有"的世界局势,人类有两种选择:要么争权夺利,恶性竞争,甚至兵戎相见;要么顺应时代发展潮流,协力迎挑战、协作谋发展。要实现世界和平与发展,人类只能选择后者。

"前所未有"的局面,要求以"前所未有"的勇气来担当。正如习近平所说,世界各国人民应该秉持"天下一家"理念,张开怀抱,彼此理解,求同存异,共同为构建人类命运共同体而努力。

政治上,应坚持相互尊重、平等协商。虽然各国国情不同、制度各异,但不应存有"非我族类,其心必异"信条。西方价值观念、社会制度和经济模式在其语境中有存在的合理性,但并非放之四海而皆准。不应将本国意志强加于别国,动辄对别国事务指手画脚,甚至横加干涉。

安全上,应坚持共同安全、合作安全。世界上,一些国家或群体还秉持零和游戏、你输我赢的旧思维,陷入战略互疑、相互防范的安全困境。各国都感到安全，整个世界才能安全。一国安全不能建立在他国不安全基础上。安全上良性互动才能增进共同安全，避免紧张轮番升级。

经济上，应坚持互利共赢、共同繁荣。在经济全球化渗透到世界各个角落的今天，没有与世隔绝的孤岛，也没有哪个国家或群体能够退回到自我封闭的孤岛。出了问题，不能简单地把"棍子"打到经济全球化上。以邻为壑，无异于作茧自缚。各国发展休戚相关，应维持国际贸易和投资自由化便利化的大方向，推动经济全球化朝着更加开放、包容、普惠、平衡、共赢方向发展。

文化上，应坚持开放包容、交流互鉴。世界文明交流，是人类社会发展进步的重要推动力。人类有文明交流的丰富经验，也有文明碰撞的惨痛教训。应摒弃种族优越、宗教优越、文明优越的思维和做法，以交流对话代替隔阂，以共存互鉴代替冲突。

生态上，应坚持环境友好、绿色发展。生态文明建设关乎人类未来，是功在当代、利在千秋的事业，其立足点是建立人与自然和谐关系，其核心点是实现人与自然协调发展。应树立尊重自然、顺应自然、保护自然的意识，坚持走绿色、低碳、循环、可持续发展之路。

上述5个方面是构建人类命运共同体的基本内容，也是检验各个国家或群体是否有人类命运共同体意识和作为的标尺。习近平指出，事要去做才能成就事业，路要去走才能开辟通途。构建人类命运共同体是一个历史过程，不可能一蹴而就，也不可能一帆风顺，需要付出长期艰苦的努力。中国举起构建人类命运共同体的旗帜，既是倡导者，也是践行者，愿与各方携手，抓住历史机遇，作出正确选择，责任共担，利益共享，携手建设更加美好的世界，共创人类更加光明的未来。

（作者为本报特约评论员、中国国际问题研究院特聘研究员）

《人民日报海外版》（2017年12月11日第 01 版）

建设更加美好世界

阮宗泽

中共中央总书记、国家主席习近平12月1日在中国共产党与世界政党高层对话会上发表主旨讲话,向来自120多个国家近300个政党和政治组织的领导人深刻阐述了关于构建人类命运共同体、建设更加美好的世界的思想,充分体现了对人类发展和世界前途的关心,直击心灵,引起共鸣。

建设更加美好的世界,植根于中华民族血脉深处的文化基因。中华民族历来讲求"天下一家",主张民胞物与、协和万邦、天下大同,憧憬"大道之行,天下为公"的美好世界。中华文化在21世纪焕发了新的活力,涌现出新的思想,以对美好世界的共同追求来定义中国与世界的关系。共建"一带一路"已成为有关各国实现共同发展的广阔合作平台。

建设更加美好的世界,是中国站在新的历史起点上发出的倡议。习近平讲话紧紧围绕这一主题,指出"古往今来,过上幸福美好生活始终是人类孜孜以求的梦想"。今年7月,习近平就已在德国主流媒体发表题为《为了一个更加美好的世界》的署名文章,谈到这一思想。中国呼吁世界各国人民秉持"天下一家"的理念,张开怀抱,彼此理解,求同存异,共同为构建人类命运共同体而努力。这一主张的萌芽、成形、完善及坚持,始终贯穿以人为本的思想,体现了把人民利益放在第一位的博大情怀。

建设更加美好的世界,是中国梦的国际表达和延伸。中国正朝着实现中华民族伟大复兴的中国梦而努力,为的是让人民过上更美好的生活。中共十九大报告将人民放在第一位,指出:进入中国特色社会主义新时代,中国社会主要矛盾已经转化为人民日益增长的美好生活需要和不平衡不充分的发展之间的矛盾。这是对中国未来发展方向、发展目标的精准定位。今天的中国与世界的关系空前紧密，你中有我，我中有你，立己达人，互为机遇。

建设更加美好的世界，是开辟合作共赢新天地的有效方略。当前世界面临各种矛盾与冲突，地区热点持续动荡，恐怖主义蔓延肆虐，和平赤字、发展赤字、治理赤字是摆在全人类面前的严峻挑战。对此，任何一个国家都不可能独善其身，必须携手合作，共同应对。特别是如何建设一个更美好的世界，成为国际社会的必答题。共同构建人类命运共同体就是中国交出的答卷。通向这一美好愿景的大道就在各国人民脚下。这就是建设相互尊重、公平正义、合作共赢的新型国际关系，建设持久和平、普遍安全、共同繁荣、开放包容、清洁美丽的世界。

全世界不同种族、不同民族与国家的人民生活在同一片蓝天下，拥有同一个地球，面对全球性的种种挑战，应该如家人一样团结起来。中国人民既追求美好生活，也向往更加美好的世界，无论是前者还是后者，都将人民置于首位，可谓美美与共、交相辉映。为人民谋幸福，让世界更美好，这是新时代中国正在浓墨重彩续写的奇迹。

（作者为中国国际问题研究院常务副院长、研究员）

《人民日报海外版》（2017年12月12日第01版）

世界都需聆听时代的声音

郑 剑

世界在巨变。当今世界再不是以前那个世界了,不仅失去了历史深处的面貌,甚至不同于过去一年的样子。我们处在一个大发展大变革大调整的时期,也正处在一个挑战层出不穷、风险日益增多的时代。

时代潮流汹涌澎湃、风云变幻莫测,我们应该怎样面对这样一个时代?习近平说:"只有立足于时代去解决特定的时代问题,才能推动这个时代的社会进步;只有立足于时代去倾听这些特定的时代声音,才能吹响促进社会和谐的时代号角。"我们需要聆听时代的声音,中国需要,其他国家需要,全世界都需要。习近平在瑞士的两场演讲,聚焦经济全球化、人类命运共同体,即为中国响应时代声音,为世界开出的药方。

什么是当今时代的声音?仁者见仁、智者见智。如果取其"最大公约数",大概有这样一些主要方面。

和平与发展。冷战结束以来,人类社会进入新的时代,和平与发展成为这个时代的主题。唯有和平与发展,才能让各国人民过上好日子。和平与发展相辅相成,没有和平就不能实现发展;没有发展就难以保障长期和全面和平。时至今日,和平与发展依然是世界面临的最大问题,一个也没有得到根本解决,此伏彼起的战火冲突给千百万人带来灾难和痛苦,发展不足和发展失衡极大地影响和威胁人类幸福与世界和平。和平与发展仍是时代强音,促进和平与发展依然任重道远。

矛盾与问题。矛盾是事物发展的动力,它无时不有、无处不在。问题是时代的口号,是它表现自己精神状态的最实际的呼声。人类社会的发展就是要不断解决面对的各种矛盾与问题。如果这些矛盾与问题得不到及时妥善解决,就会制约人类社会发展。伴随世界多极化、经济全球化深入发展,文化多样化、社会信息化持续推进,气候变化、恐怖主义、能源短缺以及发展失衡、贫富悬殊等全球性矛盾与问题不断增多、日益凸显,影响世界和平与发展。国际金融危机爆发以来,世界格局加快调整,一些国家乱象频现,经济失速、社会失序、机制失效、治理失能令人困扰和忧虑。解决这些矛盾与问题,成为当今时代的重大课题。

变革与创新。问题增多、矛盾凸显,考验着人类的能力和智慧。怎样解决当前人类社会面对的矛盾与问题?唯有变革与创新。在新的时代条件下,拒绝变革就会落伍,不能创新就会停滞。变革与创新成为当今时代的显著特征,成为人类精神的时代内涵。也应看到,面对变革与创新带来的变化变动,一些西方国家产生"不适症"、欲走"回头路",过时思维挥之不去,逆时言行应之而起。然而,"青山遮不住,毕竟东流去",变革未有穷期,创新永无止境。

尊重与协商。世界已经变成地球村,人类成为命运共同体,没有哪个国家可以独善其身,没有任何人物能够只手擎天。大家的事要大家办,世界的事要一起办。这其中,大国要承担更多责任、发挥更大作用,但不能包打天下、包揽一切。共商、共建、共享是促进和平与发展的基本原则,也是解决矛盾与问题的有效办法。这就需要积极推进全球治理体系变革,推动国际关系民主化,其核心就是尊重与协商。尊重是相互尊重,协商是共同协商,这是国际正义的内在要求。唯我独尊、损人利己没市场,迷信武力、倚强凌弱行不通。唯有相互尊重和共同协商,才能实现双赢共赢,开创人类社会的美好未来。

思危者得安,善听者则慧。时代的声音归根结底是各国人民的声音,是世界最大多数人的声音。聆听时代的声音,推动时代的进步,正是当今时代的要求和呼唤。我们当善听,世界宜共听。

(作者为本报高级编辑)

《人民日报海外版》(2017年01月24日第01版)

为更加包容的全球化鼓与呼

罗来军

过去一年,逆全球化思潮和贸易保护主义不断抬头,反全球化行为也不断出现。全球化是非功过到底如何?博鳌亚洲论坛2017年年会于3月23日举行,主题为"直面全球化与自由贸易的未来",亚洲将发出坚定声音,为更加包容的全球化和更高程度的贸易自由化鼓与呼。

博鳌亚洲论坛为何倡导包容性的全球化?这是因为,包容性发展能够有效遏制不同国家在"分蛋糕"时可能产生的不公平与非平衡问题。所谓包容性发展,就是要使全球化、地区经济一体化带来的利益和好处,惠及所有国家,使经济增长所产生的效益和财富,惠及所有人群,特别是要惠及弱势群体和欠发达国家。

博鳌亚洲论坛在倡导和坚持包容性发展上具有历史渊源。其2011年年会主题就确定为"包容性发展:共同议程与全新挑战",与会各国商讨包容性发展方略,减弱和规避各国之间的不均衡增长以及一国内部的不平衡发展。在2016年末,博鳌亚洲论坛在澳大利亚墨尔本召开会议探讨全球化的未来,达成重要共识:全球化要照顾到被边缘化和利益受损的人群,具有更大的包容性;充分肯定和坚持全球化的基本原则和积极面,不能开倒车。

亚洲是全球化的重大受益者,也崛起成为全球化的重要推动者。中国作为亚洲最大国家,是全球化和世界发展的最大贡献者。2016年,中国对世界经济增长的贡献率高达33.2%,分别为美国、日本贡献率的约3倍和20倍。与亚洲相同的是,发达国家也是全球化的重大受益者,但部分发达国家把本国内经济利益分配等因素导致的困难和问题归咎于全球化，并试图掩上全球化的大门。在全球化站在十字路口的当下，博鳌亚洲论坛"直面全球化与自由贸易的未来"，并拟通过一个关于全球化的倡议。这不仅仅是亚洲各国共谋可持续发展和共享繁荣的"良方"，也将是世界尤其是逆全球化思潮抬头的发达国家的"良药"。

对于如何发展更具包容性的全球化，中国以实际行动提供了具体方案和抓手。自习近平总书记提出"一带一路"倡议以来，已经有100多个国家和国际组织响应并参与其中。"一带一路"不仅是沿线国家的合作平台，也欢迎世界各国积极参与、合作共赢，已经成为包容性发展的大平台、大机制、大蓝图。

习近平总书记还从人类命运的本源和高度出发，提出构建人类命运共同体理念，旨在建设世界各国利益共生、行动共治、成果共享的整体性人类命运共同体，这将是包容性发展的最高层级。今年2月份联合国决议首次写入"构建人类命运共同体"理念，而3月份联合国安理会决议又首次载入"构建人类命运共同体"理念。国际社会的一系列行为表明，"构建人类命运共同体"正逐步成为人类命运包容发展的行为指南、方向指引和思想引领。

(作者为中国人民大学国家发展与战略研究院研究员、经济学院教授、中国方案研究院执行院长)

《人民日报海外版》（2017年03月25日第01版）

建设更加美好世界的中国方案

陶 略

回顾哥伦布发现新大陆以来500年的历史变迁,从威斯特伐利亚体系到世界殖民体系再到维也纳体系,人类从未放弃对国际秩序的追求,却始终未能突破"地区观"的桎梏,摆脱"利己观"的考量。时至今日,民粹主义、孤立主义、保护主义愈演愈烈,地缘冲突、难民危机、恐怖主义层出不穷,西方主导的"自由秩序"运转不灵,国际秩序走到了调整转型的十字路口。

如何拨开历史的迷雾,重现新秩序的光明?面对这一时代命题,习近平主席开创性地提出了人类命运共同体理念,为建设更加美好的世界提供了中国方案,为塑造更加公正合理的国际新秩序作出了"屋顶式"设计。今年初,"构建人类命运共同体"首次写入联合国决议,表明这一理念得到联合国广大会员国的普遍认同,已成为重要国际共识。

构建人类命运共同体,将推动各国走上平等相待的交往新道路。人类命运共同体不是"一国独霸""几方共治",而是各国平等相待、相互尊重,世界的前途命运由各国共同掌握。在人类命运共同体感召下,国与国相处将坚持主权平等,不搞以大欺小、恃强凌弱、强买强卖,不以价值观决定亲疏远近,逐步消除人类社会中的意识形态隔阂,使未来国际秩序更加开放包容、丰富多彩。

构建人类命运共同体,将引领各国开拓合作共赢的发展新前景。人类命运共同体不是你输我赢、赢者通吃,而是各国荣辱与共、兴衰相伴,合作共赢成为唯一正确的选择。应摒弃零和游戏、你输我赢的旧思维,奉行双赢、共赢的新理念，在追求自身利益时兼顾他方利益，在寻求自身发展时促进共同发展。习近平主席提出的"一带一路"正是一条合作共赢之路，也是一条通往人类命运共同体之路。

构建人类命运共同体，将促进各国打造共商共享的治理新模式。人类命运共同体不是少数国家在国际事务中当家做主、拍板决策，而是各国共定国际议程、共掌规则制定、共治全球事务。在人类命运共同体指引下，国际治理机制将更好地顺应时代潮流和国际格局变化，更加平衡地反映大多数国家意愿和利益，使各国共担责任、共享成果，这是国际秩序更加公正合理的基础所在。

"孤举者难起，众行者易趋。"在国际秩序面临方向性选择的历史关口，人类命运共同体理念的提出，顺应了时代潮流，超越了意识形态，为人类社会发展进步指明了方向、描绘了蓝图。中国不仅要做人类命运共同体的倡导者、宣传者，也要做先行者、建设者，与各国携手推动国际秩序向更加公正合理方向发展，共同建设"各美其美，美人之美，美美与共，天下大同"的美好未来。

（作者为国际问题观察员）

《人民日报海外版》（2017年06月27日第01版）

中国方案与联合国宗旨相一致

沈丁立

近日,第七十二届联合国大会一般性辩论备受关注。9月21日,中国外长王毅发表演讲,紧扣两年前习近平主席在第七十届联合国大会一般性辩论上的演讲主题,强调"构建以合作共赢为核心的新型国际关系,打造人类命运共同体"。王毅指出,这一中国方案同联合国宗旨一脉相承,与各会员国追求高度契合,得到国际社会的广泛理解支持,成为我们共同奋斗的目标。

奉行人类命运共同体的理念,各国就应该在追求本国利益时兼顾他国合理关切,在谋求本国发展中促进各国共同发展。《联合国宪章》开宗明义,尊重"大小各国平等权利之信念"。为此,各国应"彼此以善邻之道,和睦相处",应"集中力量,以维护国际和平及安全",还"保证若非公共利益,不得使用武力",并将"运用国际机构,以促成全球人民经济及社会之进展"。

新世纪以来,中国不断推动和发展人类命运共同体理念。2011年中国发表《中国的和平发展》白皮书,首次提出要以命运共同体为新视角,寻求人类利益和共同价值的新内涵。2012年,中共十八大报告提出,"合作共赢,就是要倡导人类命运共同体意识,在追求本国利益时兼顾他国合理关切,在谋求本国发展中促进各国共同发展,建立更加平等均衡的新型全球发展伙伴关系,同舟共济,权责共担,增进人类共同利益"。

2013年,习主席在莫斯科国际关系学院演讲,向世界传递对人类走向的中国判断。4年多来,习主席上百次论述人类命运共同体,中方努力推动各国探寻关于人类共同利益和价值的共识，积极引导国际社会在处理国与国关系中谋取最大公约数。

无论是处理大国关系，还是对待各国家之间的关系，中国都主张"新型大国关系"以及"新型国际关系"的准则，国无论大小，都应相互尊重、互利共赢。我们要建立平等相待、互商互谅的伙伴关系；要营造公道正义、共建共享的安全格局；要谋求开放创新、包容互惠的发展前景；要促进和而不同、兼收并蓄的文明交流；要构筑尊崇自然、绿色发展的生态体系。

中国主张，构成当代中国关于国际治理的重要方案，与联合国所倡导的"和平、发展、公平、正义、民主、自由"的崇高目标相一致，并且更接地气，更加贴近当代国际关系的现实。

人们同时看到，个别大国不顾国际合作的传统，行必以自己"优先"，日益极度趋利。如此以邻为壑，与《联合国宪章》精神南辕北辙。这般自私自利，势必重挫人类安全和发展的平等与普惠原则。

面对逆流，中国矢志合作共赢的决心坚定不改。为此，中国积极创新合作机制，推出人类命运共同体宏伟蓝图。无论是创建亚投行，或是推动区域全面经济伙伴计划，还是提出"一带一路"倡议，中国无不践行"新型国际关系"方针。比如，中国为地区紧张局势降温殚精竭虑，提议朝鲜半岛对峙方实行"双暂停"，事实上提出了目前阶段地区维稳的最佳方案。

中国是联合国的创始成员国之一，中国与世界共同缔造了联合国关于和平与安全、公平与发展的永世原则。中国正以前所未有的努力，遵循和发展中国方案，与世界各国一起打造人类命运共同体。

（作者为复旦大学国际问题研究院副院长、教授）

《人民日报海外版》（2017年09月25日第01版）

中国与世界共同迈向美好明天

王义桅

11月10日、11日,国家主席习近平出席APEC工商领导人峰会并发表主旨演讲、出席APEC领导人非正式会议并发表重要讲话。这是中共十九大后,习主席首次在国际多边舞台发出中国声音、提出中国方案,备受世界瞩目。

习主席在主旨演讲中指出,中国的发展是一个历史进程。在中国共产党领导下,中国人民将开启新征程。第一,这是全面深化改革、持续释放发展活力的新征程。第二,这是与时俱进、创新发展方式的新征程。第三,这是进一步走向世界、发展更高层次开放型经济的新征程。第四,这是以人民为中心、迈向美好生活的新征程。第五,这是推动构建新型国际关系、推动构建人类命运共同体的新征程。

习主席在重要讲话中指出,我们要看到世界经济正在发生深层次重大变化。亚太各方应该因势利导,立足于行动,引领全球新一轮发展繁荣。

在引领新一轮发展繁荣的新征程中,中国与世界将共赢、共振、共鸣、共享。

——共赢:过去4年,中国经济平均增长率为7.2%,对世界经济增长的平均贡献率超过30%,成为世界经济的主要动力源。在此基础上,中国将继续坚持建设开放型经济,努力实现互利共赢。中国与亚太国家要努力打造平等协商、广泛参与、普遍受益的区域合作框架,合力构建开放型亚太经济,促进贸易和投资自由化便利化;引导经济全球化朝着更加开放、包容、普惠、平衡、共赢的方向发展,等等。

——共振：中国加快构建开放型经济新体制，转变对外贸易和投资方式，继续推动对外贸易由量的扩张转向质的提升。与此同时，中国将继续加强互联互通，实现与世界的联动发展：要以亚太经合组织互联互通蓝图为指引，建立全方位、多层次、复合型的亚太互联互通网络，充分发挥互联互通对实体经济的辐射和带动作用，形成协调联动发展的格局。中方提出共建"一带一路"倡议的核心内涵，就是促进基础设施建设和互联互通，加强经济政策协调和发展战略对接，促进协同联动发展，实现共同繁荣。

——共鸣：中国正成为各种创新要素发挥集聚效应的广阔平台，不论基础设施还是经济业态，不论商业模式还是消费方式，都迸发出创新的澎湃动能。这种创新发展引发亚太地区和世界的广泛共鸣。互信、包容、合作、共赢的伙伴关系，是亚太大家庭的精神纽带，这与中国倡导的外交原则形成共鸣。

——共享：中国国内的共享发展正延伸到中国与亚太地区及世界的共享发展。中国将坚持走和平发展道路，始终做世界和亚太地区的和平稳定之锚。中国将秉持正确义利观，积极发展全球伙伴关系，扩大同各国的利益汇合点，推动建设相互尊重、公平正义、合作共赢的新型国际关系。中国将秉持共商共建共享理念，积极参与全球治理体系改革和建设，推动国际政治经济秩序朝着更加公正合理的方向发展。

亚太是全球经济最大的板块，也是世界经济增长的一个主要引擎。唯有洞察世界经济发展趋势，才能找准方位，把握规律，果敢应对。在共赢、共振、共鸣、共享的新征程中，中国将与世界共同迈向美好明天。

（作者为中国人民大学国际事务研究所所长、国际关系学院教授）

《人民日报海外版》（2017年11月12日第01版）

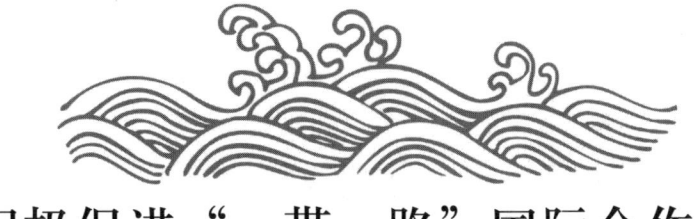

积极促进"一带一路"国际合作

中国正走向更辽阔的世界

严 冰

"一带一路"国际合作高峰论坛召开在即,中国进入"一带一路"时间。站在这个节点上,回首往昔,让人备感自豪。2013年,习近平主席种下了"一带一路"的种子。3年多来,"一带一路"倡议已从一颗种子长成了大树。穿越"一带一路",中国正在走向更辽阔的世界;穿越"一带一路",世界正在发现一个更壮丽的中国。

3年多来,已经有100多个国家和国际组织积极响应倡议,中国企业对沿线国家投资达到500多亿美元,一系列重大项目落地开花,带动了沿线各国经济发展,创造了大量就业机会。"一带一路"倡议来自中国,成效惠及世界。这个倡议为何能得到如此热烈的响应?

首先,"一带一路"上有互利双赢的合作。时光倒流千年,丝绸、瓷器、茶叶就是那个时候的"中国名片"。如今,新的"中国名片"更加靓丽,从高铁到核电,从电商到工业园区,"一带一路"上的国际合作成果越来越多。"驼铃一响,黄金万两。"古代丝绸之路通过贸易往来带来财富流动,如今"一带一路"则通过广泛国际合作派发民生"大红包"。汽车、铁路、就业机会,这是经济红包;中国每年为"一带一路"沿线国家和地区的数千名留学生提供了政府奖学金,这是文化红包。在"一带一路"上"抢红包",体现的是3年多来参与国家对合作共赢的热情。

第二,"一带一路"上有心心相印的朋友。中国的"一带一路"倡议,不是一家唱独角戏,而是欢迎各方共同参与;不是谋求势力范围,而是支持各国共同发展；不是营造自己的后花园，而是建设各国共享的百花园。"一带一路"在拉动沿线国家经济发展的同时，也拉近了沿线各国人民心与心之间的距离。正因为秉持开放包容的理念，中国的这一倡议才得到了越来越多国家和人民的广泛认同和拥护。

第三，"一带一路"上有充满希望的愿景。2016年1月16日，57个国家"大合唱"，共同筹建的亚投行在北京开业。今年3月，亚投行成员数扩展到70个，成员数仅次于世界银行，法定资本达到1000亿美元。开业一年多，亚投行用超过17亿美元的贷款撬动了125亿美元的投资，为一些国家基础设施建设解决了融资难题。以亚投行、丝路基金为代表的投融资平台，成果超出预期，充满希望。

在如今的"一带一路"上，古代丝绸之路和海上丝绸之路留下的历史印记依然清晰：2000多年前，中国的张骞曾出使西域；700多年前，意大利的马可·波罗曾在中国游历；600多年前，中国的郑和率领的船队扬帆起航；400年前，德国的克雷费尔德市就同杭州开始了丝绸贸易……中国和世界的经济文化交流自古就不绝如缕。在21世纪的今天，在2017年5月14日举行的"一带一路"国际合作高峰论坛上，中国又将迎来各国嘉宾，届时胜友如云，高朋满座，我们充满期待！

(作者为本报高级编辑)
《人民日报海外版》（2017年05月11日第01版）

开辟"一带一路"文化共荣新未来

王树成

时维九月,大地流金。9月19日,2017"一带一路"媒体合作论坛在敦煌开幕。4年前的秋天,习近平主席提出共建"丝绸之路经济带"和"21世纪海上丝绸之路"的重大倡议。4年来,"一带一路"建设逐渐从理念转化为行动,从愿景转变为现实,成果丰硕,前景光明。

2014年,人民日报因势而动,首次举办"一带一路"媒体合作论坛,迄今已成功举办4届,成为由中国媒体举办的规模最大、参与国家最广、参会媒体最多、最具代表性和影响力的全球媒体峰会。去年,习近平主席向"一带一路"媒体合作论坛致贺信,希望各国媒体用好这个平台,在推动国家关系发展、沟通民心民意、深化理解互信方面积极有为,为"一带、一路"建设发挥积极作用。

4年来,"一带一路"媒体合作论坛取得了一系列重要成果,有力促进了"一带一路"建设。2017年,"一带一路"媒体合作论坛首次走向北京之外,来到甘肃敦煌,寻求更广范围内的合作共赢。甘肃地处"一带一路"黄金段,7000多公里的丝绸之路甘肃就占了1600多公里,是国家向西开放的重要门户。作为文化大省,甘肃与丝路文化的联系非常紧密,在甘肃举办"一带一路"媒体合作论坛,举办丝路文化发展论坛有着特殊的意义。

本次论坛上,"人民日报'一带一路'文化中心"正式揭牌,中心将以"文明互鉴、文化共荣"这一世界文明亘古不变的发展规律为旨归,整合海内外特别是"一带一路"参与国家的文化资源,建立一个国际化、创新性的

"一带一路"文化研究、交流与合作平台。

"一带一路"延伸之处，都是人文交流聚集活跃之地。民心交融要绵绵用力，久久为功。在这方面，媒体不可缺位，文化同样大有可为。作为人民日报的重要组成部分，人民日报海外版是党中央的重要外宣媒体，在向海外传播党和政府声音、积极传播中华优秀文化、宣介中国发展变化方面具有得天独厚的优势。今年8月，人民日报海外版、中国出版集团与西安市共同主办的"丝绸之路文化行"启动。"丝绸之路文化行"致力于寻求丝路故事的创新表达、丝路精神的当代阐发、丝路遗产的深度挖掘，为"一带一路"建设提供更多精神能量与文化动力。此次在敦煌举办的丝路文化发展论坛同时也是"丝绸之路文化行"的第二站。

千年文明的敦煌，穿越古今中西，是文明互鉴交融的典范。我们会聚于此，感悟我们时代的使命，宣达我们的光荣与梦想。正如我们刚刚发布的《敦煌宣言》所言，2000多年前，我们的先辈筚路蓝缕，穿越草原沙漠，开辟出联通亚欧非的陆地丝绸之路；我们的先辈扬帆远航，穿越惊涛骇浪，闯荡出连接东西方的海上丝绸之路。古丝绸之路打开了各国友好交往的新窗口，书写了人类发展进步的新篇章。它绵亘万里，延续千年，积淀了以和平合作、开放包容、互学互鉴、互利共赢为核心的丝路精神。

逶迤丝路泽遗百代，创新表达引领变革。丝路盛会上，文艺界、出版界、媒体界的朋友们从各地汇聚敦煌，共商丝路文化发展大计，共话丝路文化兴盛前景，共建丝路文明长廊，感受古老文明与现代智慧的交融与碰撞。丝路文化发展论坛在敦煌召开，利于传承丝绸之路精神薪火，不断激活多样文明中的优秀传统，进而促进参与国家和谐共融、增进民生福祉、推动社会文明进步。

浩渺行无极，扬帆但信风。"一带一路"，始于愿景，成于行动。我们要秉持丝路精神，做丝路文化的使者，把中国的故事讲述好，把中国的声音传播远。让我们凝心聚力，携手并肩，开辟"一带一路"文化互通共荣的美好未来。

(作者为人民日报社编委、人民日报海外版总编辑)

《人民日报海外版》（2017年09月20日 第01版）

"一带一路"的世界交响

王义桅

4月19日,习近平主席两次应约通电话。一次是与英国首相特雷莎·梅,一次是与土耳其总统埃尔多安。这两次电话,都提到一个共同话题——共建"一带一路"。

与前者通电话时,习近平指出,推进"一带一路"框架下务实合作,为中英关系"黄金时代"提质加速提供更多机遇。与后者通电话时,习近平强调,要加强发展战略对接,提升中土务实合作整体水平,做好"一带一路"和"中间走廊"倡议的对接。特雷莎·梅和埃尔多安均有积极回应。

几天前,世界经济论坛主席施瓦布与习主席会见时,也专门提到,世界经济论坛对过去40年来与中国的合作感到自豪,愿在支持推进"一带一路"建设,促进创新发展等方面同中国加强长期合作。4月8日,联合国秘书长古特雷斯则盛赞说,我赞同习主席关于构建人类命运共同体的主张,支持中方"一带一路"合作等旨在实现所有国家共同繁荣的重要倡议。相信这些倡议将为国际社会带来最大利益。

近年来,中国参与的双边或多边活动,一个非常明显的变化是,"一带一路"几乎成为标配式话题。越来越多的外国领导人和国际组织负责人,对这一话题积极探讨或报以兴趣。如日本首相安倍晋三日前在会见中国外长王毅时,就明确表示,期待"一带一路"建设能够有利于地区经济的恢复和发展。

一个不争的事实是,"一带一路"的世界魅力,日益彰显。5年前,习近平主席提出了共建"一带一路"倡议。5年来,已经有80多个国家和国际组织同中国签署了合作协议。它魅力何在？

站位上，"一带一路"是为世界谋大同。中国所做的一切都是为人民谋幸福，为民族谋复兴，为世界谋大同。中国倡导并推进"一带一路"，目的也是谋求各国发展战略对接，形成共同发展势头，增强对美好未来的信心。共建"一带一路"倡议源于中国，但机会和成果属于世界，共建"一带一路"有利于更好造福各国人民。

政治上，"一带一路"不打小算盘。中国不打地缘博弈小算盘，不搞封闭排他小圈子，不做凌驾于人的强买强卖。"一带一路"的核心内容是促进基础设施建设和互联互通，对接各国政策和发展战略，深化务实合作，促进协调联动发展，实现共同繁荣。中国提出"一带一路"倡议，就是为了实现人类命运共同体，考虑的是全球发展。

实践上，"一带一路"强调共商共建共享。"一带一路"建设是全新事物，在合作中有些不同意见是完全正常的，只要各方秉持和遵循共商共建共享的原则，就一定能增进合作、化解分歧，把"一带一路"打造成为顺应经济全球化潮流的最广泛国际合作平台。

"一带一路"是一剂良药。当今世界，全球化遭遇危机。可从三个历史维度看：从短时段看，世界迄今未走出国际金融危机，西方国家出现反全球化、反一体化现象；从中长期看，20世纪80年代以来新自由主义驱使的全球化式微，华盛顿共识式微，需要"再全球化"，构建人类命运共同体；从大历史看，人类进入大转型、大风险时期，现行体系和观念难以承载几十亿级人口的全球化。"一带一路"倡议的提出，利于借助丝绸之路历史开创全球合作新局。

一个美好图景可期：以"一带一路"为抓手，各国人民同心协力、携手前行，努力构建人类命运共同体，共创和平、安宁、繁荣、开放、美丽的世界。

（作者为中国人民大学重阳金融研究院高级研究员）

《人民日报海外版》（2018年04月21日第01版）

推动"一带一路"建设行稳致远

王义桅

新时代呼唤新思路。"一带一路"正在开创中国和世界发展的新路。今年的政府工作报告5次提及"一带一路"。报告指出,5年来,"一带一路"建设成效显著,对外贸易和利用外资结构优化、规模稳居世界前列。今后,中国将继续坚持共商共建共享,推进"一带一路"国际合作,推动国际大通道建设,扩大国际产能合作,优化对外投资结构。

随着建设不断深化,"一带一路"经贸合作取得丰硕成果。一是贸易规模越来越大,2017年,中国与"一带一路"国家进出口总额达1.1万亿美元;二是投资领域不断拓宽;三是大项目扎实推进,铁路、公路和港口等基础设施相继建成,能源资源合作项目重点推进,一批制造业项目竣工投产。中国在"一带一路"相关国家已经建设了75个境外经贸合作区,累计直接投资超过600亿美元。"一带一路"作为"和平之路、繁荣之路、开放之路、创新之路、文明之路",其特质体现得日益充分。

新事物的发展不会一帆风顺。5年来,外界在环境、劳工标准、债务、透明度、政府采购、社会责任等方面对"一带一路"存在质疑声音。习近平主席有针对性地提出绿色丝绸之路、廉洁之路等理念,增进了世界对"一带一路"的信心,同时,"一带一路"建设本身也以事实澄清了误解。

比如,西方媒体热炒的所谓"债务问题"是个伪命题。投资往往会使负债率提高,但关键要看投资形成的资产能否为经济和社会发展提供支持。中国最近10年修了2万多公里高铁,虽然因此形成了一定债务,但高铁产生显著溢出效应，优化沿线产业布局，带动旅游业、房地产业发展，促进脱贫致富，有效推动了经济发展和社会进步。中国改革开放初期曾大量从世行、亚行借贷，经济快速起飞，并没有造成债务偿还危机。这个道理也适用于"一带一路"建设。

再比如，一些西方国家对"一带一路"理解得很狭隘，要么把它视为古代丝绸之路复兴，要么仅仅把它当做基建项目，缺乏对"五通"的深刻理解。还有的国家担心"一带一路"不符合现有标准和规则，担心损害自身利益，动摇国际体系。事实上，"一带一路"是开放包容的，也是透明的，中国不会也没必要"另起炉灶"，推翻西方规则重来。

在事实面前，在机遇面前，英国、法国等越来越多的西方国家积极参与"一带一路"合作。日本对"一带一路"合作的相关议题也一直很关注。中国欢迎日本参与"一带一路"合作，也希望与日本一道在"一带一路"框架下进一步合作。"一带一路"需要西方发达国家参与，西方国家也需要"一带一路"。

中国人说，"万事开头难"。5年来，"一带一路"建设已经迈出坚实步伐。我们要乘势而上、顺势而为，推动"一带一路"建设行稳致远，迈向更加美好的未来。

（作者为中国人民大学重阳金融研究院高级研究员、察哈尔学会"一带一路"研究中心主任）

《人民日报海外版》（2018年03月13日第01版）

"一带一路":中国与世界的"千年之约"

贾秀东

9月19日,2017"一带一路"媒体合作论坛将在甘肃敦煌揭幕。

4年前,习近平主席出访中亚和东南亚国家,先后提出共建"丝绸之路经济带"和"21世纪海上丝绸之路"。4年来,"一带一路"建设由点及面,取得了显著的成果,对世界产生了深刻影响。

中国倡议转化为国际合作。"一带一路"倡议提出以来,得到国际社会积极响应和广泛支持,称之为"一呼百应"也不为过。截至目前,共有100多个国家和国际组织积极支持和参与,70多个国家和国际组织同中国签署合作协议,一系列部门间合作协议覆盖政策沟通、设施联通、贸易畅通、资金融通、民心相通等"五通"领域。中国与30多个"一带一路"参与国家签订产能合作协议,一大批合作项目陆续启动,很多项目已经落地生根,取得"早期收获"。今年5月北京"一带一路"国际合作高峰论坛成果清单包括5大类、76大项、270多项具体成果。在"一带一路"框架下,中国与各国的合作较之过去更具有系统性,领域也更加广泛。"一带一路"参与者成了中国国际合作的"朋友圈"。

中国理念演化为国际共识。"一带一路"倡议的提出和实践体现了党的十八大以来中国外交的新理念。"一带一路"倡议以合作共赢为核心,秉持"共商、共建、共享"原则,突出一个"共"字,不搞排他性,不走单行道,不强加于人,是在相互尊重、平等互利的基础上,通过对话、协商与合作来实现共赢。这些理念和原则已经被"一带一路"国际合作"朋友圈"所接受,并被更多的国际组织所认可。日前,第71届联合国大会在通过的关于

"联合国与全球经济治理"决议中,就要求"各方本着'共商、共建、共享'原则改善全球经济治理,加强联合国作用"。

中国方案融入全球治理。"一带一路"倡议是中国统筹国内国外两个大局、构建开放型经济体制的伟大战略构想,也是中国参与和完善全球治理体系的主动作为。习近平说,世界那么大,问题那么多,国际社会期待听到中国声音、看到中国方案,中国不能缺席。说到底,全球治理涉及全球事务谁来管、如何管的问题。"一带一路"建设就是中国参与全球治理的一个重要途径,是迄今为止中国为世界提供的最重要的公共产品。"一带一路"源于中国,属于世界。"一带一路"聚焦发展,顺应经济全球化大趋势,同时又尊重发展道路选择的多样性,鼓励各国探索适宜自身国情的发展道路。发展战略对接是"一带一路"倡议的一张名片,强调各国寻找利益契合点,共同打造政治互信、经济融合、文化包容的利益共同体、命运共同体和责任共同体,将改变全球治理的格局和面貌。

"一带一路"倡议根植于历史,又面向未来,是连接"中国梦"与"世界梦"的一大桥梁,是中国与世界的"千年之约"。"一带一路"建设潜力巨大,前景广阔,必将极大地拓展中国的发展空间和战略回旋余地,推动国际秩序朝着更加公正合理的方向演变,使各国人民更好地共享机遇、共谋发展。

(作者为本报特约评论员、中国国际问题研究院特聘研究员)

《人民日报海外版》(2017年09月19日第01版)

法国缘何高调支持"一带一路"

王义桅

元旦刚过，法国总统马克龙抵达古丝绸之路的起点西安，开展对中国的首次国事访问。这也是十九大后，中国接待的首个欧盟国家元首。除了尊重中国历史文化传统外，马克龙从西安启程，更让人想到"一带一路"。西安明年将举办"一带一路"国际合作高峰论坛。马克龙在大明宫发表演讲和会见习近平主席时，均盛赞"一带一路"倡议的价值。

事实上，去年9月博鳌亚洲论坛在巴黎举行"一带一路"亚欧战略对接主题会议，马克龙接见出席会议中方代表时就曾表示，"一带一路"是中方提出的重大倡议，具有重要的政治、经济和文化意义，法方愿与中方在共同遵守相关规则和标准的基础上，积极参与"一带一路"建设，促进亚欧大陆和非洲的繁荣稳定发展。

法国为何高调支持并参与"一带一路"建设？

其一，通过参与引领对华合作。法国历来有独立自主的外交风格。发展对华关系，法国敢为天下先。中法关系在引领中西、中欧关系等方面，有示范意义。1964年法国同中国建交，这是西方世界第一个同中国建交的大国，随后产生多米诺骨牌效应。法国希望引领西方国家在"一带一路"框架下加强同中国的合作，维护和提升法国在欧洲乃至世界上的地位。马克龙访华时表示，"欧洲和中国在'一带一路'方面的协调至关重要，法国将发挥积极作用"。我们有理由相信，法国可引领西方在"一带一路"框架下加强同中国的合作。

其二，通过参与维护和拓展海外市场。马克龙总统重视中国提出的"一带一路"倡议，期待中国增加在法国的投资，创造更多就业机会，减少法方的贸易逆差。2018年以后中国经济内需将逐步增长，中国的市场准入尤其是公共采购市场准入条件将会放宽，11月将在上海举办的国际进口博览会，利于增加法国对中国的出口。法国比较重视第三方合作。中法合作开发英国核电市场，已经为"一带一路"框架下第三方市场合作树立了榜样。

其三，通过参与推广法国和欧洲理念：多边主义、多极平衡世界观、全球治理等。在英国投票脱欧和美国总统特朗普及其"美国优先"政策崛起后，TTIP被停掉，欧洲各国正在重新评估自二战结束以来支撑其经济的贸易关系。为平衡大西洋关系，法国呼吁更关注欧亚大陆。素来被称为法国总统马克龙"信使"的法国经济部长勒梅尔去年底表示，法国希望经由俄罗斯，建立连接欧洲与中国的贸易"主干道"，作为对抗日益不确定的与美英两国贸易关系的方式。同时，法国十分看重"一带一路"所展示的多边外交、全球治理和跨区域合作情景，希望通过参与推广其理念。

其四，通过参与推销法国和欧洲标准。马克龙呼吁欧洲积极参与中国"一带一路"倡议同时也强调，中国和欧洲应该在"均衡的伙伴关系框架"内开展合作，投资规则也应符合欧洲的标准和"双方共同期待"。

英国脱欧后，法国成为欧盟内唯一的联合国安理会常任理事国。在会见马克龙总统时，习近平主席为此强调，中方主张构建人类命运共同体，法方也持相似的理念，两国可以超越社会制度、发展阶段、文化传统差异，增进政治互信，充分挖掘合作潜力。

"一带一路"建设，与发达国家"共商共建共享"至关重要，资金、技术、人才、标准等，离不开西方企业。当然，我们也要引导好法国的参与热情，以打造与西方共商共建共享"一带一路"的示范。

(作者为中国人民大学"欧盟让·莫内讲席"教授)

《人民日报海外版》（2018年01月10日第01版）

"一带一路"全面延伸到拉美大陆

王义桅

日前,中国—拉美和加勒比国家共同体论坛第二届部长级会议在智利首都圣地亚哥闭幕。会议专门通过并发表了《"一带一路"特别声明》。中拉双方都同意共同建设"一带一路"。在中国同世界各国共建"一带一路"进程中,拉美不应缺席,而应扮演重要角色。东道主智利外长埃拉尔多·穆尼奥斯在圣地亚哥举行的新闻发布会上说,现在是"一带一路"国际合作来到拉美的最佳时机。

以中拉论坛第二届部长级会议为标志,习近平主席提出的共建"一带一路"伟大构想已经全面延伸到拉美大陆,成为覆盖各大陆、连接各大洋、最受欢迎、规模最大的国际合作平台,也是中国向世界提供的最重要公共产品。

习近平主席给中拉论坛第二届部长级会议开幕致贺信指出,历史上,我们的先辈劈波斩浪,远涉重洋,开辟了中拉"太平洋海上丝绸之路"。今天,我们要描绘共建"一带一路"新蓝图,打造一条跨越太平洋的合作之路,把中国和拉美两块富饶的土地更加紧密地联通起来,开启中拉关系崭新时代。

在中拉关系的崭新时代,"一带一路"将发挥重要作用。中拉合作建设"一带一路"具有历史合情性、现实合理性和未来可期性。

历史合情性。"一带一路"建设在拉美及加勒比地区的拓展是历史的自然延续。早在16世纪中叶,"太平洋海上丝绸之路"就连接起中拉。通过这条海上通途,双方不仅发展贸易,也促进两大文明交流。巴拿马运河、拉美铁路留下华工的血汗,这为中拉合作建设"一带一路"奠定了坚实民意与感情基础。

现实合理性。得天独厚的拉美及加勒比地区地域辽阔,自然资源丰富,社会经济发展基础良好,中拉关系具有明确的相互依赖和经贸增长潜力。拉美国家对中国发展模式和改革开放成就赞不绝口,纷纷将本国梦与中国梦对接。中国市场的强大支撑和中国经济发展的带动,在拉美经济的复苏中起到关键作用。美洲开发银行最新数据显示,2017年拉美及加勒比地区对中国贸易出口额同比增长30%,中国对拉美出口增长贡献最大。

未来可期性。建立公正合理的国际秩序是中拉共同意志。摆脱依附体系,实现现代化,打造横向互联互通全球化,是中拉命运共同体的重大使命。智利与中国正考虑在两国之间建设一条跨太平洋海底光缆,将拉美与中国连在一起。亚非拉国家在数个多边机构有着良好的合作,诸如20国集团、联合国、金砖五国、亚太经合组织论坛、东亚-拉美合作论坛等等。拉美国家的加入,使"一带一路"成为一个新的发展中国家合作平台。

中国外交部长王毅建议中国与拉共体重点深化五大领域的合作,即共同建设陆洋一体的大联通,培育开放互利的大市场,打造自主先进的大产业,抓住创新增长的大机遇,开展平等互信的大交流。中拉共建"一带一路"有着牢固合作基础。中国同智利、秘鲁、哥斯达黎加建成双边自贸区,同多个地区国家达成贸易和投资便利化安排,签署了产能合作协议。近年来电子商务、数字经济的兴起,又为中拉经贸往来推开了新的大门。在推进"一带一路"过程中,中拉合作也将实现优化升级、创新发展,打造出领域更宽、结构更优、动力更强、质量更好的中拉合作新局面,开辟出中拉合作的新境界。

(作者为中国人民大学习近平新时代中国特色社会主义思想研究院、国家发展与战略研究院研究员)

《人民日报海外版》(2018年01月25日第01版)

"一带一路"吸引世界目光

王义桅

日前,在中国共产党和日本自民党、公明党共同举办的中日执政党交流机制第六次会议上,不少内容涉及"一带一路"建设。

"一带一路"靠什么吸引世界?

一是本质。"一带一路"抓住了"发展"这个解决一切问题的总钥匙。发展中国家没有发展起来,发达国家则是发展动力不足。换言之,发展是当今世界面临的共同难题,贫困、贫富差距都需要用发展来解决。发展是解决安全问题和全球治理问题的根本,日益成为国际共识。更关键的,发展导向成为新型全球化的主流理念。展望未来,"一带一路"将发挥推动相关各国实现经济政策协调、开展更大范围更高水平更深层次区域合作、增进相关各国人民人文交流与文明互鉴等作用。

二是内涵。"一带一路"牵住了世界经济发展的"牛鼻子":基础设施。基础设施互联互通充分展示了中国的新比较优势。中国在"铁公基"(指铁路、公路、机场、水利等重大基础设施建设)、人机交互、万物互联等传统、新兴基础设施各个领域,从设计、建造、运行到管理、资金、技术、人才等各个环节,大多具有无可比拟的优势。世界银行数据显示,估计到2020年,发展中国家每年基础设施建设投入将达到2万亿美元。"要致富,先修路",这种中国经验对其他发展中国家具有普遍吸引力。

三是方式。"一带一路"倡导的开放包容、战略对接等理念符合世界各国的共同利益。"一带一路"倡导战略对接,将发达国家、发展中国家、新兴国家最广泛地连接在一起，真正实现东西、南北、中外、古今的大融通。"一带一路"的开放包容理念适应了世界的多样性。"一带一路"建设恪守联合国宪章的宗旨和原则，坚持开放合作、和谐包容、市场运作和互利共赢，归纳为3个词就是共商、共建、共享。这是"一带一路"魅力的重要体现。

当然，"一带一路"的魅力还在于集中展示了中国五千年文明的魅力，在于中国走出了一条符合自身国情发展道路的魅力，以及改革开放的魅力。去年底，笔者访问黎巴嫩时，黎方说，21世纪不是中国世纪吗？中国世纪来临的标志，就是"一带一路"。他们感慨说，黎巴嫩和其他阿拉伯国家如果不抓住"一带一路"机遇，就抓不住21世纪的机遇。

总之，"一带一路"让发展中国家看到希望，让发达国家看到商机，让新兴经济体看到信心。"一带一路"正吸引世界，造福各国民众，成为当今世界最大的发展倡议、民生工程和公共产品。

（作者为中国人民大学"让·莫内讲席教授"、察哈尔学会"一带一路"研究中心主任）

《人民日报海外版》（2017年08月15日第01版）

中哈合作:"一带一路"典范对接

王 文

"很期待能够见到习主席,远远地看着,都会很开心!"一位哈萨克斯坦朋友几天前发来微信说。他将会参加6月7—10日中国国家主席习近平访问哈萨克斯坦期间的某场公开活动。对此,他感到无比荣耀。

这位朋友对中国的好感主要源于"一带一路"建设的推进。去年,笔者曾到访哈萨克斯坦首都阿斯塔纳。他带领游览这座城市时,对笔者讲起中国企业与中国人投资带来的积极变化。他的事例正是"一带一路"促进中哈"民心相通"的典型案例,同时也折射出中哈合作已经成为"一带一路"的典范对接。

这种典范对接首先表现在政策沟通上。此次习主席访哈是4年内的第三次,也是5月"一带一路"国际合作高峰论坛后习主席首次出访,同时,也是习主席与哈萨克斯坦总统纳扎尔巴耶夫的第16次会面,如此热络的高层互动在中外关系上是不多见的。

值得一提的是,作为"丝绸之路经济带"的首倡之地,2016年9月哈萨克斯坦领全球之先,与中国签订《"丝绸之路经济带"建设与"光明之路"新经济政策对接合作规划》,这是"一带一路"框架下签署发布的第一个双边战略对接协议。共建"一带一路"为中哈关系发展注入更多动力,也为两国人民带来更多福祉。

政策沟通又为设施联通、贸易畅通和资金融通注入了动力与源泉。目前,双方已达成51个产能合作早期收获项目;中国对哈累计投资已达428亿美元，哈萨克斯坦跃居中国"一带一路"最大对外投资对象国。2016年，过境哈萨克斯坦的中欧货运班列开行量逾1200次，已稳定运行近4000天的中哈原油管道名副其实地成为"丝绸之路第一管道"，并进入"亿吨"时代。

民心相通也在中哈关系的深入发展中得到深化。现如今，哈萨克斯坦在华留学生1.4万人，超过本国在校大学生的2%；2016年两国人员往来的人次约占哈萨克斯坦人口的3%。在哈萨克斯坦电视台常常播放像《舌尖上的中国》《温州一家人》等中国优秀影视剧。国内的少数民族哈萨克族温和善良，也成为两国民心相通的纯天然民间大使。

回望过去，中哈两国在"五通"领域迅猛推进，西边这个领土大国与中国不断走近。诚如习主席7日在《哈萨克斯坦真理报》发表的署名文章所说，"共同的期盼、共同的梦想将中哈两国人民紧密连接在一起，两国人民正同心筑梦，并肩追梦，携手圆梦"。

展望未来，此次习主席访问哈萨克斯坦，还会为推进中哈全面战略伙伴关系、推动中哈全方位合作加速发展作出全面部署。两国在共建"一带一路"合作、产能合作、高技术合作、旅游文化合作、安全合作、多边战略支持上又会有长足的发展。

中哈关系在近年来的发展，使得中哈合作成为"一带一路"建设的"典范对接"，相信习主席此访将再为两国关系发展注入更强动力。可以预想，因为哈萨克斯坦"典范对接"的榜样作用，"一带一路"作为一个共商、共建、共享的全球倡议推进将变得更加扎实、更加顺畅。

(作者为中国人民大学重阳金融研究院执行院长)

《人民日报海外版》（2017年06月08日第01版）

"一带一路"与上合组织互为动力

苏晓晖

近期,习近平主席出席上海合作组织成员国元首理事会第十七次会议(阿斯塔纳峰会)。此次峰会再次见证"一带一路"倡议与上合组织合作相互促进、共同发展。

习主席在会上发表题为《团结协作 开放包容 建设安全稳定、发展繁荣的共同家园》的重要讲话。讲话指出,中方和有关各方正积极推动"一带一路"建设同欧亚经济联盟建设等区域合作倡议以及哈萨克斯坦"光明之路"等各国发展战略对接,上海合作组织可以为此发挥重要平台作用。

确实,上合组织是"一带一路"建设与区域合作倡议、各国发展战略对接的重要平台。2013年,习主席在上合成员国哈萨克斯坦发表演讲,启动"丝绸之路经济带"这一创新合作模式。2014年上合组织杜尚别峰会期间,中俄蒙三国元首举行首次会晤,确立三个邻国推进互联互通和跨境运输,打造中蒙俄经济走廊,成为"一带一路"建设的一次精彩"路演"。2015年上合组织乌法峰会发表的宣言中明确写入,成员国支持中国关于建设丝绸之路经济带的倡议,认为成员国相关主管部门开展相互磋商和信息交流具有重要意义。2016年塔什干峰会的宣言中,成员国重申支持丝绸之路经济带的倡议,并承诺继续就落实这一倡议开展工作,将其作为创造有利条件推动区域经济合作的手段之一。

今年,中国成功举办了"一带一路"国际合作高峰论坛。因此,"一带一路"因素在上合组织阿斯塔纳峰会中的分量进一步提升。成员国在峰会宣言中表示，欢迎"一带一路"倡议，高度评价高峰论坛成果并愿共同落实，支持各项国际、地区和国别倡议对接合作。

在推进地区国家"五通"方面，上合组织的作用不可或缺。在此过程中，"一带一路"建设也为上合合作提供动力。

政策沟通有助提升各方互信、凝聚共识。设施联通是上合国家经济发展的重要基础。各方正加快完善公路、铁路、口岸、管道、通信线路、航线网络建设，积极开展陆海联运，努力打造现代化"立体丝绸之路"。贸易畅通则为各国经济注入新鲜血液。中国倡议逐步建立区域经济合作制度性安排，从商签《上海合作组织贸易便利化协定》做起，并鼓励中小企业合作，倡议成立经济智库联盟和电子商务工商联盟。资金融通是上合前进的重要保障。亚洲基础设施投资银行、丝路基金等都可参与上合组织项目融资。民心相通则成为上合合作可持续发展的动能。"一带一路"倡议促进人员往来，拉近彼此间的距离。

习主席在讲话中强调应巩固团结协作。"上海精神"产生的强大凝聚力是上合组织发展的保证。"一带一路"带来的各领域、多层次合作则会成为上合各方的黏合剂。"一带一路"与上合互动发展，构建平等相待、守望相助、休戚与共、安危共担的命运共同体。

(作者为中国国际问题研究院国际战略研究所副所长)

《人民日报海外版》（2017年06月13日第01版）

中新"一带一路"协议的示范意义

苏晓晖

中国国务院总理李克强访问新西兰期间，两国签署了"一带一路"合作协议。新西兰成为首个签署此类协议的西方发达国家。

中新关系中创造"第一"并非偶然。在发达国家中，新西兰第一个同中国结束加入世贸双边谈判，第一个承认中国完全市场经济地位，第一个同中国签署并实施双边自由贸易协定，第一个以创始成员国身份加入中国首倡的亚洲基础设施投资银行，第一个举办全国性"中文周"。可见，两国关系一直走在中国与西方发达国家关系的前列。

中新均重视开放合作是"一带一路"协议达成的重要基础。当前世界经济形势面临严峻考验，贸易保护主义抬头。世界贸易组织的数据显示，2015年10月中旬到2016年5月中旬，二十国集团经济体平均每月采取21项新的贸易限制措施。在经济下行压力下，反全球化呼声高涨。在此背景下，中国和新西兰宣布启动双边自贸协定升级谈判。两国之间存在贸易逆差，但双方愿意站在自由贸易的大格局上来看待这一问题。中新合作将向世界证明，解决贸易逆差最终应靠打开大门，关起门来只会造成更大的贸易不平衡。两国以实际行动支持贸易和投资自由化，有助于巩固经济全球化信心。

新西兰认可中国经济发展取得的成绩。2016年，中国经济增长6.7%，是世界上增长最快的主要经济体，对全球经济增长的贡献率超过30%。中国改革开放深入推进。重要领域和关键环节改革取得突破性进展，供给侧结构性改革初见成效。经济发展的质量和效益明显提高。中国发展稳中向好态势明显。

新西兰更看到中国提供公共产品的诚意和能力。作为负责任大国，中国积极开拓互利共赢的合作模式，"一带一路"是中国贡献给世界的公共产品。2013年习近平主席提出"一带一路"倡议后，曾有一些国家表现出疑惑甚至担忧，国际舆论中也不乏歪曲的杂音。然而3年多来，中国坚持共商、共建、共享原则推动"一带一路"建设，赢得了越来越多国家的理解和支持，推动"一带一路"落地生根。

在中新协议达成之前，中国同56个国家和区域合作组织发表了对接"一带一路"倡议的共同文件，同11个沿线国签署自贸区协定，与56个沿线国签署双边投资协定。截至2016年6月，中国国企在26个"一带一路"沿线国承建大型交通基础设施项目38项，中国对"一带一路"沿线国家的投资累计达511亿美元，在18个沿线国建设了52个经贸合作区，累计完成投资156亿美元。今年5月，中国将举办"一带一路"国际合作高峰论坛，"一带一路"将迎来新起点。

今年是中新建交45周年。在这一历史节点上，两国签署"一带一路"合作协议，是对以往双边关系强劲有力发展的经验总结，也将开启两国合作新的前景。

（作者为中国国际问题研究院国际战略研究所副所长）
《人民日报海外版》（2017年03月28日第01版）

"一带一路"成中菲合作新机遇

苏晓晖

近期,第30届东盟峰会在菲律宾举行。菲总统杜特尔特在峰会后的记者会上确认,将于5月前往北京出席"一带一路"国际合作高峰论坛,他还对"一带一路"倡议做出了积极评价。

中菲得以探讨"一带一路"合作的基础是两国正在有效管控分歧。阿基诺三世政府时期,菲方不断挑动南海争议,严重损害双边关系。杜特尔特就任总统后,对华释放善意。两国达成重要共识,一致认为应聚焦合作,搁置争议,共同推动南海问题重新回到双边谈判协商解决的轨道。

菲方多次明确不会把所谓"南海仲裁案"裁决作为东盟会议讨论议题,强调正与中方进行双边接触,没必要在东盟层面提及争议问题。此次东盟峰会的主席声明在涉及南海的问题上表述克制,并表明东盟与中国正就海上问题进行良性互动。很明显,担任东盟轮值主席国的菲律宾不但不愿让南海问题干扰中菲合作大局,更试图避免这一问题绑架东盟。在中菲关系向好的背景下,"一带一路"倡议引起菲律宾的关注是必然的。

首先,菲认可中国发展成就,希望学习中国发展经验。中共十八大以来,中国对内推动深层次改革和经济转型,对外坚持开放合作理念,在全球治理方面发挥重要作用。杜特尔特总统将"一带一路"倡议视为中国提出的经济发展理论,主动研究,欲借相关合作搭乘中国经济发展快车。

其次,菲赞同中国提出的合作理念。近年来,针对"一带一路"的恶意解读频现。然而,包括菲律宾在内的越来越多的国家逐渐对中国倡议有了了解和认同,认为中国在推动合作的过程中秉持共商、共建、共享原则,尊重国家间的差异,不干涉他国内政,实实在在地推动合作共赢。

最后,菲看重中国推动合作取得的成果。自习近平主席2013年提出"一带一路"倡议以来,倡议迅速落地生根。短短几年时间,中国已与40多个国家和国际组织就共建"一带一路"签署了合作协议。东盟国家对"一带一路"倡议颇为重视,除杜特尔特总统外,印尼总统佐科、老挝国家主席本扬、越南国家主席陈大光、柬埔寨首相洪森、马来西亚总理纳吉布、缅甸国务资政昂山素季等也将参加"一带一路"国际合作高峰论坛。菲总统聚焦国内基础设施建设,已在今年4月推出大规模基础设施投资计划。截至2016年6月,中国国企在26个"一带一路"沿线国承建大型交通基础设施项目38项。不少菲方人士认为,中菲在基建等领域有巨大的合作潜力。

受南海争议干扰,中菲一度错失合作良机。在两国关系实现转圜之际,围绕"一带一路"的合作机不可失,失不再来。盼望菲方抓住机遇,让"一带一路"成为中菲合作新亮点。

(作者为中国国际问题研究院国际战略研究所副所长)
《人民日报海外版》 (2017年05月01日第01版)

"一带一路"正重塑世界经济地理

胡鞍钢 张新

1956年,毛泽东曾说过,中国应当对于人类有较大的贡献。而这种贡献,在过去一个长时期内,则是太少了。这使我们感到惭愧。如今,中国已经能够也应当为人类作出重大贡献。5月14日在北京召开的"一带一路"国际合作高峰论坛,将成为中国外交史上具有里程碑意义的事件,成为中国引领世界发展的亮色。

如何看待这次高峰论坛召开的重大意义?

第一,"中国方案"将引领国际合作。"一带一路"是中国首倡的国际合作倡议,此次论坛更是"一带一路"倡议提出以来,中国就此主办的规格最高的国际会议。论坛将为世界经济冲破低迷困境、扭转"反全球化"逆潮提供更强大的正能量。

第二,"中国方案"将成为影响范围极广、程度极深的国家间合作计划。"一带一路"倡议从提出伊始就明确表示,既面向所有发达国家和发展中国家,也向所有域内和域外国家开放。此次论坛期间,各方将进一步总结3年多的成果经验,汇聚更大智慧、凝聚更多共识,吸引更多伙伴一道共襄盛举。

第三,"中国方案"将从地区性合作升级为国际性合作。此次论坛已有110个国家的官员、学者、企业家及金融界、媒体等各界人士确认参加,总数达到1200多人,涵盖欧、亚、北美、拉美、非洲等地区。"一带一路"倡议超越了传统的地域限制,为世界大多数国家所认可,成为真正的全球化合作平台。

经过3年多发展，"一带一路"已经从理论构想变为创新实践，进入全面推进务实合作的新阶段。此次论坛将有哪些看点值得期待？

其一，达成合作协议数量更多、层次更高。目前，中方已与40多个国家和国际组织就共建"一带一路"签署了合作协议，此次论坛期间这一成果有望扩大一倍，再与近20个国家和20多个国际组织商签合作文件。同时，此次论坛将推动参与各方深入对接政策举措，协商确定下一阶段重点合作领域，构建战略对接、规划对接、政策对接的高层次合作平台，带动提升地区整体发展水平。

其二，推动"一带一路"工作的落实更加务实高效。此次论坛的召开，将形成未来数年内"一带一路"的整体合作规划和行动方案，有望形成类似G20的工作机制，为实质行动奠定基础。论坛期间，各方将进一步梳理对接重点合作项目，制定合作项目清单，确保项目落地，进一步强化"一带一路"框架内双边、多边合作机制的带动作用。

其三，此次论坛召开，将推动世界经济互联互通迈出坚实一步。"一带一路"的本质，是一场规模宏大的、极其深刻的、相互关联的重塑世界经济地理革命，其关键是实现基础设施的互联互通。初步预计，此次论坛上，中方有关部门将与沿线国家对口部门共同制订近20项行动计划，涉及基础设施、能源资源、产能合作、贸易投资等多个领域。这将进一步重塑"一带一路"经济地理，实现欧亚非大陆一体化和共同发展，最终重塑世界经济地理，推动全球基础设施现代化，提高全球经济增长，实现全球一体化。

此次论坛召开，不仅将推动"一带一路"建设进入新的发展阶段，也昭示着中国将以更加自信的姿态当好经济全球化的倡导者、推动者和引领者。

（作者分别为清华大学国情研究院院长、助理研究员）
《人民日报海外版》（2017年05月02日第01版）

"一带一路",越走越宽

王义桅

世上本没有路,走的人多了,也就成了路。3年多来,"一带一路"建设从无到有、由点及面,进度和成果超出预期,渐成中国的3个抓手:一是中国梦的抓手。"一带一路"不仅利于实现中华民族伟大复兴的中国梦,而且融通中国梦与沿线各国梦,成就人类共同繁荣与持久和平的世界梦。二是中国拓展国际影响力的抓手。通过"一带一路",中国积极提升制度性国际话语权。三是全球化、全球治理的抓手。通过"一带一路",中国成为包容性全球化的旗手。

"要致富,先修路;要快富,修高速;要闪富,通网路",这成为中国脱贫致富经验的鲜明总结。"一带一路"让世界分享中国发展经验,让中国拓展发展空间。"一带一路"的核心是互联互通。习近平主席指出,如果将"一带一路"比喻为亚洲腾飞的两只翅膀,那么互联互通就是两只翅膀的血脉经络。中医说,痛则不通,通则不痛。当今世界和平与发展的制约因素,多由不通造成。世界是通的,是我们的理念。"一带一路"的要旨就是鼓励各国走符合自身国情的发展道路——中国崛起之前,这被认为是走不通的。我们相信,没有比脚更长的路,没有比人更高的山。独行快,众行远。

欧洲著名智库布吕格尔(Bruegel)研究所所长沃尔夫认为,"一带一路"的影响和意义早已不限于欧亚大陆,不限于沿线国家,而具有划时代的全球意义。2017年,中国将举办"一带一路"国际合作高峰论坛,事关4个"R":Global Recovery(全球经济复苏)、Global Rebalance(全球经济再平衡)、Global Renovation (全球创新)、Global Reconnected (全球互联互通)。举办高峰论坛,一是使"一带一路"形成好势头,激励更多国家跟上趟;二是通过多边协商,推动"一带一路"机制化建设;三是全面对接联合国和平与发展各项目标,尤其是2030年可持续发展目标和巴黎气候变化协定,彰显人类共同意志,推动建设绿色丝绸之路、健康丝绸之路、智力丝绸之路、和平丝绸之路,打造人类命运共同体。

不谋全局者,不足谋一隅;不谋万世者,不足谋一时。"一带一路"建设是百年大计。丝绸之路复兴,是百年梦想。1877年德国人李希霍芬提出"丝绸之路"的概念。其后,他的学生、瑞典人斯文·赫定1936年出版《丝绸之路》一书,使得"丝绸之路"概念流行开来。书中写道:"可以毫不夸张地说,这条交通干线(丝绸之路)是穿越整个旧世界的最长的路。从文化——历史的观点看,这是联结地球上存在过的各民族和各大陆的最重要的纽带……中国政府如能使丝绸之路重新复苏,并使用现代交通手段,必将对人类有所贡献,同时也为自己树起一座丰碑。"

"登泰山而小天下。"习近平主席给中国和世界指出了通过"一带一路"建设人类命运共同体的美好愿景,得到了国际社会广泛响应。2016年5月在北京举办的中欧政党高层论坛上,拉脱维亚拉中友好协会主席波塔普金感慨,"历史上从未见过如此宏大的合作倡议,超过我们欧洲人想象力。欧洲人千万不要浪费中国的美好意愿啊!"捷克副众议长菲利普预言,"'一带一路'可成为人类最伟大倡议之一!"

建设"一带一路",是21世纪新的长征路,仍然需要革命家的豪迈气魄。毛泽东有词:"多少事,从来急;天地转,光阴迫。一万年太久,只争朝夕。"2017年,"一带一路"必将加速延伸,越走越宽!

(作者为中国人民大学重阳金融研究院高级研究员)
《人民日报海外》(2017年01月03日第01版)

"一带一路"高峰论坛值得世界期待

王义桅

1月17日,中国国家主席习近平在达沃斯出席世界经济论坛2017年年会开幕式并发表主旨演讲时宣布,今年5月,中国将在北京主办"一带一路"国际合作高峰论坛,共商合作大计,共建合作平台,共享合作成果,为解决当前世界和区域经济面临的问题寻找方案,为实现联动式发展注入新能量,让"一带一路"建设更好造福各国人民。

"一带一路"顺应时势,提出3年多来引起国际社会广泛响应。举办"一带一路"国际合作高峰论坛,可谓水到渠成,承载着国际社会诸多重托。而高峰论坛的举办,也将对"一带一路"建设产生深远影响。

一是利于进一步梳理"一带一路"建设成果,规划未来。"一带一路"有效回应国际社会对"中国崛起之后想干什么"的关切。针对逆全球化势头,"一带一路"国际合作高峰论坛将体现中国的时代担当,引领全球化朝着包容普惠方向发展,唱响共商、共建、共享全球治理主旋律。高峰论坛将进一步凝聚共识,有利于增强国际社会对共建"一带一路"及全球化本身的信心。

二是利于通过多边协商,推动"一带一路"机制化建设。"独行快,众行远。"为了"一带一路"长远大计,各国需要构建"一带一路"互利合作网络,共创"一带一路"新型合作模式,打造"一带一路"多元合作平台,推进"一带一路"重点领域项目。正如"欧洲之父"让·莫内所说:"没有人,一切皆无可能,但是没有体制,一切不可持续。""一带一路"建设是百年大计，完善的体制、机制化建设才能确保其可持续发展。举办高峰论坛，利于"一带一路"沿线在规划对接、战略对接、标准对接基础上，更好实现智慧对接、舆论对接、行动对接，从双边为主、多边为辅到多边与机制化建设并行的新阶段，将充分体现"一带一路"建设顺应国际社会普遍需求，公开、透明、开放、包容，按照国际规则办事。

三是利于全面对接联合国和平与发展各项目标，尤其是2030年可持续发展目标和巴黎气候变化协定，彰显人类共同意志，建设绿色丝绸之路、健康丝绸之路、智力丝绸之路、和平丝绸之路，打造人类命运共同体。中国已同联合国开发计划署、世界卫生组织签署共建"一带一路"合作备忘录。2016年11月17日，第71届联合国大会协商一致通过的关于阿富汗问题第A/71/9号决议，明确欢迎"一带一路"重要倡议，敦促各国通过参与"一带一路"，促进阿富汗及地区经济发展，呼吁国际社会为开展"一带一路"建设提供安全保障环境。

举办高峰论坛不只是促机制，也有利于抓落实。高峰论坛必将促进联合国2030年可持续发展目标的落实、巴黎气候变化协定的落实、G20杭州峰会成果的落实，并可有效回应各种质疑和关切。

"一带一路"源于中国而属于世界。"一带一路"国际合作高峰论坛的举办，值得世界期待！

(作者为中国人民大学重阳金融研究院高级研究员)
《人民日报海外版》（2017年01月19日第01版）

期待"一带一路"论坛绽放北京

王文

4月18日,外交部就"一带一路"国际合作高峰论坛举行中外媒体吹风会。除28个国家元首和政府首脑以外,共有来自110个国家的官员、学者、企业家、金融机构、媒体等各界人士,来自61个国际组织的89名负责人和代表确认出席论坛。高峰论坛与会代表总人数将达1200多人。本次论坛不仅将推动"一带一路"建设迈上新台阶,也将开创聚焦务实合作的国际峰会新范式、开辟国际合作新局面。

自习近平主席宣布,中国将主办"一带一路"国际合作高峰论坛,峰会筹备一直处在"一票难求"状态。近几个月来,笔者接连到欧洲、非洲和美洲数国参加多轮高级别研讨会,经常遇到对方问询"一带一路"国际合作高峰论坛报名参会细节。

就规模而言,本次高峰论坛的规模,在国际会议史上也是罕见的。更重要的是,高峰论坛不是务虚会,不是空谈馆,而是旨在打造高效的国际合作平台,希望在战略对接、互联互通、经贸、投融资、民心和智库等方面,扎实探讨合作方向,寻求落实的可行路径。

对世界发展而言,高峰论坛将确立一种新型的全球治理方案探讨模式。峰会参会代表遍及全球各大洲,参会领导人以欧亚大陆为主,涵盖世界各个区域的重要国家,且以发展中国家为主。这使得峰会更聚焦在新兴经济体、后发国家真正关切的议题上,针对困扰发展中国家的真正痛点。"一带一路"倡议提供的合作共识、经验总结,将使"富国仍是富国,穷国仍是穷国"的国际发展消极状态，找到得以扭转的契机。

对跨国关系而言，高峰论坛将创造一种新型的国家互动共赢合作模式。建立在西方国际关系理论之上的跨国关系，往往呈现零和博弈，或者大国霸权主导的规律。而高峰论坛则倡导共建、共商、共享的合作模式：不追求独赢，而讲求多赢；不推行一强独霸主导，而是友好多边协商；不好高骛远，设立遥不可及的目标，而是脚踏实地将政治共识转化为具体项目的行动力。

对大国贡献而言，高峰论坛将开辟一种新型的大国崛起责任模式。高峰论坛有别于中国曾主办过的G20、APEC等国际轮值峰会，这是中国有史以来第一次自主召集、自设议题、在国内召开的全球性会议。它代表着一个崛起大国向世界做贡献的心愿。中国将通过办一场真正有意义的全球论坛，分享发展经验，将相对充裕的本国资金、产能、基建与他国需求对接，通过协商互助，凝聚合作共识。中国在"一带一路"上的善意、真诚与奉献，将使西方教科书中的国际关系理论中"大国兴衰"相关章节的逻辑重写。

北京的5月中旬，是最迷人的季节，弥漫着初夏微风与鲜花的清香。相信来自全球的精英代表，会在此次"一带一路"国际合作高峰论坛中，找到自己期待的答案，书写世界历史的新篇章。

(作者为中国人民大学重阳金融研究院执行院长、教授)
《人民日报海外版》（2017年04月20日第01版）

"一带一路"论坛的节点意义

沈丁立

"一带一路"倡议问世不到4年，却早已成为国际合作重大热点，成为中国造福世界的重大公共产品。即将在北京举行的"一带一路"国际合作高峰论坛，将回顾"一带一路"建设早期收获，探讨国际合作机制建设，规划未来的实施路径，具有多重节点意义。

意义之一，就"一带一路"倡议而言，论坛本身即为一个历史节点。过去3年多，"一带一路"倡议在世界多国生根发芽。本次论坛将承上启下，回顾过去，展望未来，重点打造四方面成果：一是凝聚更多共识，二是明确合作方向，三是推动项目落地，四是完善支撑体系。本次论坛将开辟"一带一路"国际合作新局面，推动"一带一路"建设迈上新台阶。

意义之二，对解决时代难题而言，论坛是中国展现大国担当的闪光点。当前世界经济复苏基础不牢固，新的增长动力不稳固。各国之间、各次区域之间基础设施建设和互联互通亟待升级。而这次论坛，各国将共同搭建合作新平台，开辟增长新动力，探索发展新路径。承担东道主角色的中国，已经走到国际舞台的高光地带。近年来，在为全球发展提供公共产品方面，中国逐步迈入国际舞台的核心区域。

意义之三，对全球合作而言，论坛蕴涵的理念是人类价值的汇合点。环顾寰宇，人类文明精彩纷呈，各有千秋。"一带一路"国际合作高峰论坛，以开放包容、合作共赢理念为引领，推动构建更加公正、合理和均衡的全球治理体系。这利于各种价值理念充分交流，世界多元文明交流互鉴。"一带一路"建设正从多方面为人类价值造福,一方面利于在较短时间内大幅改善地缘经济关系,进而为全球地缘政治关系的改善做出积极贡献,另一方面利于国际社会尽快实现共同发展,加速推进协同进步。

意义之四,对中国的主场外交而言,本次高峰论坛将是一个启程点。"一带一路"倡议由中国提出。在北京举行"一带一路"国际合作高峰论坛,充分体现了中国对这一创举的引领与持续推动。中方将充分发挥主场外交的优势,保障高层交流的畅通,为深化互通互联合作夯实基础。按计划,中方有望再与近20个国家和20多个国际组织商签合作文件,中方各有关部门将与沿线国家对口部门共同制订近20项行动计划。中国将以本次论坛为契机,打造一个更加开放和高效的国际合作平台。

当前,"一带一路"建设取得一批重要早期收获成果。以交通方面为例,中国已与"一带一路"沿线国家签署了130多个涉及铁路、公路、海运、航空和邮政的双边和区域运输协定。如果说"一带一路"倡议是划时代的人类进步计划,那即将举行的"一带一路"国际合作高峰论坛,则是新世纪全球合作的历史性节点。

(作者为复旦大学国际问题研究院副院长、教授)

《人民日报海外版》 (2017年04月22日第01版)

让"中国节奏"引领世界

贾晋京

5月中旬,"一带一路"国际合作高峰论坛将在北京举行。这是继2014年亚太经合组织(APEC)北京峰会、2016年二十国集团(G20)杭州峰会之后,中国又一次重大的主场外交盛会。从APEC关注区域经济一体化,到G20升级全球治理,再到"一带一路"引领全球共赢发展,三场盛会就像三个台阶,展示出中国在全球格局中的话语权梯次上升。

全球经济发展需要国际合作机制来引领,区域经贸安排、区域集团化以及布雷顿森林体系、G20等国际合作机制,都曾为全球经济的前进方向提供指引。而在当前,全球经济出现了许多新的变化,新兴市场与发展中国家占比快速上升,亚欧大陆成为全球生产与消费主要动力源,以新的理念与方式建设国际合作机制,已成为全球发展的迫切需求。中国在全球格局中的话语权梯次上升,正是对这种迫切需求的响应。

2014年APEC北京峰会,让"中国梦想"对接世界。经过多年快速发展,亚太地区已成为世界上最具活力的地区。而在2014年迈入"十万亿美元经济体"行列的中国则是这一地区最具活力的市场。中国主办2014年APEC北京峰会的意义,正是让"中国梦想"对接"亚太梦想",实现共同发展。而2014年APEC北京峰会成果《北京纲领》则提出了亚太自贸区与基础设施互联互通的蓝图。今天看来,让"中国梦想"对接"亚太梦想",正是中国从为世界作出经济贡献跃升到为世界作出议程贡献的一个台阶。

2016年G20杭州峰会,让"中国方案"推动世界。2016年,当G20峰会来到中国时，世界正面对经济复苏乏力、深层次矛盾凸显、新的结构性问题不断涌现的复杂局面，全球经济与全球治理又到了一个转折点，如何有效协调各国的政策、找到新的增长动力，世界的目光都在看中国。对世界经济来说，杭州峰会是新旧动能转换的节点。而中国通过凝炼在"创新、活力、联动、包容"8个字中的一系列"中国方案"，推动了全球治理从稳增长到促发展的转型、G20机制从危机应对到长效治理。对中国来说，G20杭州峰会使中国迈上了为全球治理提供推动性方案的新台阶。

而2017年的"一带一路"国际合作高峰论坛，将让"中国节奏"引领世界。"一带一路"倡议的提出，改变了全球经济合作的方式，通过将"政策沟通、设施联通、贸易畅通、资金融通、民心相通"纳入同一个倡议体系之下，变传统的基于货物贸易进行双边往来的方式为全方位深度合作。由于"一带一路"倡议顺应时代发展所需，变传统的"由面到点"国际经贸框架为"由点到面"的合作，提出以来受到广泛欢迎，进展超出预期，成为当今时代国际经济合作的新范式。"一带一路"国际合作高峰论坛的召开，将把"一带一路"这个巨大的包容性发展平台立体展示给世界。这是中国自主设置议题、自主邀请、自主推进的一次盛会，将引领世界奏响共同发展的交响乐。

（作者为中国人民大学重阳金融研究院首席研究员）

《人民日报海外版》（2017年05月03日第01版）

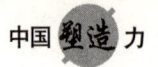

当"一带一路"遇上"青年"

柯闻

5月4日是中国的青年节。10天后,"一带一路"国际合作高峰论坛将在北京开幕。"一带一路"倡议提出3年多来,成效斐然。和"青年"一样,这个倡议充满生机和活力。当"一带一路"遇上"青年",遇上世界各国"青年",会碰撞出什么样的火花?

就在10天前,"一带一路"青年创意与遗产论坛落下帷幕,来自65个沿线国家的80余位青年代表,在中国度过了忙碌、充实、美好、难忘的一周时光。能组织到多达65个国家的青年,显然是"一带一路"开放包容的吸引力,是"创意""遗产"的吸引力,也是青年之间的吸引力。

习近平主席指出,青年最富有朝气,最富有梦想,是未来的领导者和建设者。他首次在国际场合提出共建"丝绸之路经济带"的倡议,就是2013年在哈萨克斯坦面对纳扎尔巴耶夫大学青年学生的演讲中。国之交在于民相亲,而"民相亲"要从青年做起。正是基于这种认识,近几年,中国与联合国教科文组织致力于在弘扬丝路精神、加强青年对话方面开展合作。本次"一带一路"青年创意与遗产论坛就是双方合作的又一成功实践。这也是一场青年策划、青年组织、青年参与、青年受益的活动。笔者有幸作为亲历者参与全程,见证了"民相亲"在青年人中的生根发芽。

亚美尼亚和阿塞拜疆位于亚洲和欧洲交界处的外高加索地区,由于领土争端,多年来两国大大小小冲突不断,公民不能前往对方国家,两国在国际场合也互相"敬而远之"。湘江夜游时,笔者从人群中找到了来自亚美尼亚的梅莉和来自阿塞拜疆的法希尔，邀请他们一起聊天。在了解对方身份后的最初几十秒，二人稍显尴尬，但谈起论坛期间的岳麓书院开幕式和制陶体验，他们很快就滔滔不绝，最后甚至坦然谈及两国关系面临的窘境，对两国毗邻却无法互访表示遗憾，并一起欣赏和赞叹美妙绝伦的浏阳花炮。论坛结束时，他们分别发来信息，感谢笔者"创造"的那次聊天机会，感慨这是他们此行最意外的收获。

来自以色列的玛莎娃目前就读于华东师范大学，论坛期间与来自中东其他国家的青年代表打成一片，交流后才得知，她是以色列的阿拉伯人。她告诉笔者，既为自己的国家感到自豪，也为她的民族感到骄傲。以色列20%的人口是阿拉伯人，只要彼此敞开心扉，阿以两个民族完全可以和平相处。来自阿曼的腼腆小伙阿卜杜，安静地用相机记录其他代表的靓影，却毫不推辞地秀了一手书法，用漂亮的苏鲁斯体写下了"一带一路"对应的阿拉伯文字……每位青年都有自己的故事，都在讲述自己国家的故事，畅谈自己国家与中国的友好，畅想"一带一路"国际合作的美好未来。

2015年10月，习近平主席向联合国教科文组织第九届青年论坛致贺词时指出，世界的未来属于年轻一代。全球青年有理想、有担当，人类就有希望，推进人类和平与发展的崇高事业就有源源不断的强大力量。

各国青年用欣赏、互鉴、共享的观点看待世界，推动不同文明交流互鉴、和谐共生，是一件有意思、有意义、有意蕴的事。而这种互动，在"一带一路"上正变得越来越多。

(作者为国际问题观察员)

《人民日报海外版》 (2017年05月04日第01版)

"一带一路"何以一呼百应?

刘 英

国际金融危机以来,贸易保护主义、孤立主义、恐怖主义抬头,世界经济复苏乏力现象没有根本改观。在这一背景下,中国国家主席习近平2013年提出"一带一路"倡议,举世瞩目。共商、共建、共享原则贯穿于"一带一路"建设始终,具体来说就是:各国在共商中共建,在共建中共享,所有参与国家成为利益共同体、责任共同体和命运共同体。

首先,共商发展蓝图。中国与不少国家发展理念相通,发展目标相近,发展路径相合。因此,"一带一路"提出以来几乎是一呼百应,得到了100多个国家和国际组织的积极响应和支持,更多国家希望利用中国成功的建设经验和强大发展动力,带动本国实现经济发展蓝图。

其次,共建互联互通。基础设施建设与互联互通是"一带一路"建设的优先领域。"一带一路"通过基础设施建设等促进沿线各国经济增长。随着"一带一路"建设提速,雅万高铁、匈塞铁路等项目正在加快建设。目前中欧之间已开行3700多趟中欧班列,从中国西安等25个城市开往欧洲11个国家。中国与沿线国家签署了130多个运输协定,通过73个口岸开通了356条国际运输线路,与43个国家空中直航,每周4200个航班。

最后,共享发展机遇和成果。中国通过与"一带一路"沿线国家建设经贸合作区等方式,带动沿线国家全产业链发展,提升了它们在全球价值链中的地位,展现了"一带一路"沿线国家共同开发、共同建设、共享发展的景象。

以哈萨克斯坦为例，该国2014年就提出"光明之路"计划与"一带一路"倡议的对接合作。今年是中哈建交25周年，哈方正在迎接"一带一路"共商共建共享成果。

哈萨克斯坦"光明之路"计划旨在通过大力投资建设有效的网状基础设施，进而形成统一大市场，来促进经济长期增长。这与"一带一路"不谋而合。新亚欧大陆桥经济走廊将连云港作为出海口，有利于把哈萨克斯坦农产品出口到东亚和东南亚。"一带一路"交通走廊建设，利于通过公路、铁路、网络及地下管网的连通惠及沿线国家所有人。

作为中西合璧的连接走廊，新亚欧大陆桥经济走廊直接促进沿线国家的贸易自由化、便利化及贸易方式的多样化。这解决了全球最大内陆国哈萨克斯坦的互联互通及经济发展问题，进而促进"一带一路"沿线国家经济发展，共享建设成果。

为建设基础设施、增加就业、促进经济增长，沿线国家提出了钢铁、水泥、机械及汽车等国际产能合作项目。为解决基建及工业化所需大量资金，中国专门设立了400亿美元的丝路基金，并合作成立各种建设基金来推进项目落地和建设完成，早日造福沿线各国人民。中哈20亿美元产能合作基金正推进52个项目总额241亿美元的建设项目，这些产能合作为促进沿线国家经济发展奠定了重要基础。

共商、共建、共享，为"一带一路"注入了空前的活力，必将促进沿线各国经济发展。可以预期，随着"一带一路"建设的深入推进，合作硕果将遍布沿线，响应者将遍布全球。

(作者为中国人民大学重阳金融研究院研究员)
《人民日报海外版》（2017年05月05日第01版）

任何人不要幻想
让中国吞下损害自身利益的苦果

对于贸易战,中国不想打、不怕打

张 超

美国时间3月22日,美国总统特朗普在白宫签署对中国输美产品征收关税的总统备忘录。对美国突然单边宣布"301调查"结论,中国颇感失望。这件事一则不利于中国人民的利益,二则不利于美国人民的利益,三则不利于全世界人民的利益。对此,中国坚决反对。

对于贸易战,中国不想打,但也不怕打。中国有信心、有能力应对任何挑战。中国希望美国保持理性和克制。打中美贸易战,美国要负历史责任。实际上,一旦打响贸易战,受损最多的,不是中国,而是美国。

首先,一旦打响贸易战,受损最多的是美国跨国企业。美国的苹果、波音、英特尔和其他跨国公司,每年从中国市场攫取巨额收益。一旦发生贸易战,必然损害其全球利益。例如,苹果公司仅2017年四季度就从中国市场获得了180亿美元收入,占其总收入20%;波音公司2017年在中国市场销售额近120亿美元,占其总销售额近13%;芯片巨头英特尔以及高通、德州仪器、美光科技等公司都在中国拥有庞大业务,与中国公司的合作令其不断拓展全球市场。虽然特朗普以保护美国工人利益为借口,但很多美国公司势必将会因为贸易战而遭受巨大损失。

其次,贸易战大棒,不仅将落在美国跨国公司头上,美国民众也无法幸免。2017年牛津经济研究中心数据指出,购买中国产品帮助每个美国家庭每年平均节省850美元。另一方面,在全球化的今天,美国就业市场高度依赖中国。中国是美国大豆、飞机的第一大出口市场,也是美国汽车、集成电路、棉花的第二大出口市场。中国现在是美国33个州的前三大货物出口市场，13个州的前五大市场。在过去10年，虽然美国出口增速只有4%，但对中国出口增速达11%。如果美国主动挑起贸易战，限制中国商品与投资，那么美国535个选区中的425个选区因吸纳了中国投资，在利益受损后或将用选票表达意见。

再次，一旦发生贸易战，必将危及美国脆弱的经济复苏。美国经济2017年持续复苏，但剔除能源产业后实际GDP增速仅为1%。贸易战爆发将危及美国经济复苏进程，阻断特朗普所谓的"美国再伟大"计划。更重要的是，美国次贷危机后经济复苏很大程度上依赖金融市场繁荣，而一旦贸易战打响，其对上市企业和经济增长预期的打击，必将导致美国股指和高收益债券价格下跌，进而诱发连锁反应，触发风险资产的崩盘，暴露美国金融市场的系统性风险。截至3月22日收盘，美股三大股指集体大跌便是证明，其中道指跌逾700点，标准普尔500指数和纳斯达克指数更是创2月8日以来最大单日跌幅。而这仅仅是开始，随着美国的"任性"与"自负"，金融市场会用"脚"给出答案。

最后，中国不会是贸易战最大输家，也绝不会是唯一输家。如果美国发动贸易战指向中国，这种单边行动，必将打破现行国际贸易规则，在世界范围内引发恐慌与混乱。德国专家直言不讳，美国破坏了自由主义和世界贸易体系，虽然美国现在打击中国，但下一个可能是德国，因为德国也是对美顺差大国。国际货币基金组织总裁拉加德也警告，贸易战无赢家，若美国加税引发别国报复，全球宏观经济将受到严重冲击。

在国际上，中国一直倡导互通互融，用交流、谈判解决争端，无意于打贸易战，但也绝不会接受无端的攻击与责难，更不会惧怕贸易战。该来的总会来。如果美国冒天下之大不韪，执意要打贸易战，中国将奉陪到底，看谁挺得更持久。

(作者为国际经贸问题专家)
《人民日报海外版》（2018年03月24日第01版）

阻止中国技术进步，那是徒劳

王义桅

近期，美国宣布对进口钢铁和铝产品征收高关税，并公布对华301调查结果，威胁要对"中国制造2025"中涉及的许多行业征收高额进口税，这让世界陷入贸易战的紧张气氛中。

原来，美国在意的不仅是对华贸易逆差，还有中国技术进步的势头。前不久，就有美国前政要发表演讲，声称中国对美国的核心技术发起全方位挑战，并将矛头直指"中国制造2025"、5G等领域。

美国确实感受到来自于"中国制造2025"的挑战。美国一些人认为中国偷了美国的技术，并不是靠自己的力量发展起来的。因而，美国欲通过提高关税阻碍中国核心技术进步的步伐，从而维持核心技术的垄断权。尽管中国政府一再强调，"中国制造2025"是开放的，对内外资企业一视同仁，欢迎美国参与，但美国要的是技术霸权、规则霸权，所以不能容忍中国的"挑战"。

特朗普签署行政备忘录前，美国贸易代表莱特希泽在演讲中指出，301调查主要针对科技领域。科技领域是各国未来集中竞争的领域，这个领域的核心技术和话语权、标准将涉及未来整个产业的竞争，甚至涉及新的国际标准的制定。中美之间在科技领域的竞争包括本国市场、核心技术和未来国际规则三个部分。

近年来，中国大力提升芯片和人工智能等关键领域的自主研发能力，这是此次美国发起对华贸易战的背景。中国的数字经济规模超过美国，在人工智能领域仅次于美国。美国要保持垄断地位、确保新一轮新兴产业的规则制定权，所以现在就以知识产权保护为由不让中国进入美国市场。美国担心的不光是产品的问题，还有系统的问题，事关工业4.0的主导权。

美国以所谓对美国国家安全的威胁为由，从意识形态角度出发限制中国对美的出口，其实是担心中国在新兴产业上发起对美国的挑战。因为一旦芯片的垄断被中国打破，中国不仅会减少对美国芯片的进口，未来还有可能出口，挤压美国市场。这些担心都使得美国现在对中国的芯片看得很死。

企图通过贸易战破坏"中国制造2025"势头，阻止中国技术进步，这是特朗普的如意算盘。特朗普此举也是服务于今年美国国内的中期选举。

然而，特朗普的如意算盘，将牺牲美国消费者利益，也必遭中国反击，可谓害人害己，最终也根本无法阻止中国技术进步，只会让世人再次看清美国自私自利的本质。美国做法影响极其恶劣，不仅破坏国际贸易秩序，更破坏了后发国家追赶西方发达国家的步伐。

动辄把自身的问题归咎于对方、在战略判断上犯下根本性错误，只会损人害己、搞乱世界。这种做法不得人心。

（作者为中国人民大学重阳金融研究院高级研究员、中国国际贸易促进会专家委员会委员）

《人民日报海外版》（2018年03月28日第01版）

中国以行动警告美方放弃幻想

华益声

当地时间4月3日,美国贸易代表办公室依据"301调查"认定结果,公布了拟加征关税的中国商品清单。清单涉及约500亿美元中国对美出口,建议税率为25%。

数小时内,中国迅速做出回应。商务部、外交部等部门对美行为表示强烈谴责和坚决反对。中方随即公布对美国加征关税商品清单,将对原产于美国的大豆等农产品、汽车、化工品、飞机等进口商品对等采取加征关税措施,税率为25%,涉及2017年中国自美国进口金额约500亿美元。显然,中国对美政策动向有预判、有预案。事实上,近期中国应对美挑起贸易摩擦颇有章法。

首先,中国坚持底线思维,在争取最好的结果的同时准备应对最坏的局面。中方不挑起贸易战,不愿意打贸易战,也不怕打贸易战。中国一直强调,谈判的大门是敞开的,愿同美妥善处理问题。中国积极与美保持接触。2月27日至3月3日,中共中央政治局委员、中央财经领导小组办公室主任、中美全面经济对话中方牵头人刘鹤访问美国,与美财政部长、贸易代表等官员就中美经贸合作进行了磋商。中国试图与美国有效管控经贸领域的分歧。但中方的善意和努力绝不代表软弱。中国明确表示,不怕贸易战。如果有人执意要打,甚至打到家门口,中方会奉陪到底。

其次,中国保持客观冷静,对美方政策走向及其背后动因进行精准分析。美经贸政策单边保护主义色彩浓重。"301调查"依据美国内法,当美认定自身贸易权利遭到"侵犯"时，就可采取行动消除"侵犯"。在调查过程中，被调查对象如做出妥协，调查即中止，美不会再采取制裁措施。显然，"301调查"是美国为谋取利益所使用的单边主义贸易工具，意在胁迫他国。当前，美总统秉持"美国优先"原则，在经贸领域动辄漫天要价。此前不久，美推出对进口钢铁和铝产品加征关税措施，引起国际社会激烈反弹。面对重重乱象，中国必须保护本国合法权益，也要维护国际贸易公正性，对美任意妄为不可纵容。

最后，中国始终以理服人，有理有利有节进行回击。美贸易代表声称，对华加征关税的清单旨在最大化对中国出口商的打击，并最小化对美国消费者的影响。中国迅速公布清单，以行动警告美方应放弃幻想，贸易战只可能导致两败俱伤。但中国仍保持克制，以同等力度、同等规模进行反击，讲求对等，不扩大、不升级，既以此展现负责任大国担当，也为对方改正错误留有余地。中国还将依托国际贸易组织相关机制解决争端，呼吁所有组织成员一道，坚决抵制美贸易保护主义行径。

来而不往非礼也。美国错判形势，中方必然坚决回击。搞保护主义，等于自我关闭通向中国的大门，必将自食苦果。

(作者为国际问题专家)

《人民日报海外版》（2018年04月05日第01版）

"纸老虎"从来吓不倒中国

苏晓晖

当地时间4月5日,美国总统要求贸易代表办公室依据"301调查",考虑对中国1000亿美元出口商品征收额外关税。中国外交部和商务部迅速回应,重申在中美经贸问题上,中国不想打、但不怕打贸易战。同时,中国保持强硬姿态,强调如果美方不顾中方和国际社会反对,坚持搞单边主义和贸易保护主义行径,中方将奉陪到底,必定予以坚决回击,必定采取新的综合应对措施,不惜付出任何代价,坚决捍卫国家和人民利益。

中方表态是基于对美政策动向的判断。美抛出"对从中国进口的1000亿美元商品加征关税",看似来势汹汹,实为仓促应对,色厉内荏。美国贸易代表办公室推出500亿美元拟加征关税的中国商品清单后,中国在数小时内进行官方表态并公布反制措施。反制清单精准打击,针对美农业、制造业等行业,加剧了美国国内对经济发展和贸易环境的恐慌情绪。中方迅速而强硬的反应超出美预期,美政府面临更为严峻的国内反弹。美国内舆论认为,今年将进行的中期选举中,特朗普支持率会受到影响;美精英阶层也纷纷指出,政府决策过分凭借直觉而非全面、长远考虑,担心政策偏差正在损害本国利益。在"失分"的尴尬局面下,美提出继续加码,更多是挽回颜面,而非有备而来。

"纸老虎"从来都吓不倒中国。中国不会牺牲合法利益来纵容美国。美方漫天要价也不可能达到目的。美方4月3日公布的拟加征关税的中国商品清单,涉及约500亿美元中国对美出口。特朗普在其社交媒体上表示,美中贸易逆差每年5000亿美元，知识产权盗窃造成3000亿美元损失。然而事实是，美方始终在数据计算方面夸大逆差，刻意回避经贸合作的合理性，一味强调逆差损害美方利益，并以此为借口挥舞贸易保护大棒。

贸易战损人害己。美声称将最大化地打击中国出口商，并最小化地影响美国消费者，这只能是痴人说梦。当前，美政府正一面挑起贸易争端，一面急于安抚国内。美贸易代表声明，在各项流程完成之前，没有关税会生效。特朗普的首席经济顾问及其他政府官员试图稳定国内的信心。显然，搬起的石头已经砸了自己的脚。

中国相信得道多助，相信新型国际关系才是国家间相处之道。相互尊重、公平正义、合作共赢是新型国际关系的要义，对国家间经贸关系发展同样适用。中国将继续坚持正确道路，扩大改革开放，维护多边贸易体制，推动全球贸易投资自由化和便利化。美国自认为可以为所欲为，其实是逆时代潮流而动，最终只能导致自身被孤立。

(作者为中国国际问题研究院国际战略研究所副所长)

《人民日报海外版》（2018年04月07日第01版）

日本别在南海兴风作浪

苏晓晖

近期,西方媒体热炒日本将派自卫队最大驱逐舰"出云"号,前往南海及印度洋参加联合训练和军演的消息。尽管日本官方尚未作出正式回应,但已有相关评论将此解读为日本加大军事介入南海的举措,还有报道刻意凸显日本要借此次行动与南海声索国加强互动。

近年来,日本已明显加大对南海问题介入力度。日本多次对中国在南海开展正当行动妄加批评,包括指责中国填海造岛和设施建设。日方官员公开力挺菲律宾阿基诺三世政府单方面提起的国际仲裁,并试图迫使东盟国家赞同仲裁结果。日本紧随美国立场,支持美所谓"航行自由"理念以及美派舰机闯入中国南海岛礁附近海域和空域的行动。安倍政府强化对南海声索国和东盟的投入,别有用心地与菲越等南海争议方探讨安全合作,承诺为菲提供装备支持。日本更意图实现南海问题国际化,在七国集团外长会和峰会、亚欧首脑会议等多边平台推动针对南海问题的讨论。

日本在南海煽风点火,但在"军事介入"南海问题上却相对审慎。美曾力邀日本加入其在南海巡航行动。早在2015年1月,美国第七舰队司令罗伯特·托马斯直言,为制衡中国在南海地区越来越强的海上力量,美国欢迎日本将空中巡逻的区域扩大至南海上空。2015年3月,托马斯又提议印度、日本、澳大利亚和美国在南海开展联合巡航。然而,日方已明确表示,没有派遣自卫队与美在南海开展共同行动的规划。

日本并非南海问题当事国,插手南海更多是为了一己私利。就南海问题发声是其在地区安全事务中"刷存在感"的重要方式。如果能够借搅乱南海牵制中国，则可以配合其在东海与中国争夺主权权益的目标。

美国新任国务卿首次访日之际，日本传出"出云"号行动计划，更有迎合美方需要之意。特朗普政府亚太战略正在成型过程中，未来有望加大对亚太军事投入，并要求包括日本在内的地区盟友承担更多责任。日本希望展示其配合美政策走向的决心，由此巩固并拉近同盟关系。

中国对日立场一贯且清晰。中国不反对日本正常途经南海，也不反对日本与地区国家的正常交往，但若日本别有用心损害中国主权权益、搅乱南海局势，中国会坚决说不。中国希望日本尊重中国和东盟维护南海和平稳定的努力。日本煽风点火，中国和东盟都不会答应。中国还要提醒日本，鉴于日本在侵华战争期间有过侵占中国西沙群岛和南沙群岛的不光彩历史，就更应该谨慎对待南海问题，中国不会允许历史重演。另外，中美关系正良性发展，中美有能力在南海问题上避免误判、管控分歧，日本不必自告奋勇为美充当"马前卒"。识时务者为俊杰，日本别深陷迷局、执迷不悟。

(作者为中国国际问题研究院国际战略研究所副所长)

《人民日报海外版》（2017年03月18日第01版）

南海不容搅局者破坏

贾秀东

日前,中国—东盟外长会成功通过《南海行为准则》框架文件。这对推动中国与东盟关系发展以及维护南海地区乃至整个亚太地区的和平稳定来说,都是大好事。

然而,美国、日本和澳大利亚外长发表联合声明,不点名地对中国横加指责,对南海问题指手画脚。这是给中国东盟合作和南海地区和平努力添堵,成为东亚系列外长会的闹心事儿。

美日澳的所作所为是故伎重演。在去年东亚合作系列外长会期间,美日澳便发布联合声明,炒作南海问题、渲染地区紧张。当时中国外长王毅就质问,如果你们三方真的希望南海稳定的话,就应支持中国和东盟落实好《南海各方行为宣言》,支持直接当事国通过对话协商解决争议。现在,是检验你们是和平维护者还是搅局者的时候了。

一年过去了,这三个域外国家非但没有收敛,反而变本加厉。美日澳在今年的联合声明中更加露骨地企图干预南海问题和平解决进程,对外释放消极信号。王毅今年再次质问道,是不是有些国家不愿意看到南海局势走向稳定?是不是南海局势进一步稳定反而不符合这些国家的利益?

看来,这几个域外国家是执意要做南海搅局者了,这似乎已经成为南海问题一种不正常的"常态"。人们不禁要问,美日澳究竟有何盘算?2010年,在东亚系列外长会的前身东盟地区论坛外长会上,美国代表团策划炒作南海问题,把多年风平浪静的南海搅起波澜,为美国推动"亚太再平衡"战略制造借口。美国政府更迭并没有改变其在南海和亚太地区搅局渔利的战略构想。安倍政府这几年为推进右倾化外交安全战略，主动配合美国，对涉华问题搞两个"凡是"：凡是对中国外交战略有利的事情，它就可能持消极态度甚至出手搅局；凡是能对中国构成外交挑战的事情，它就可能加以利用甚至推波助澜。至于澳大利亚，有些人患上了"精神分裂症"，对"经济上靠中国，安全上靠美国"的局面把握不好平衡，还要利用南海问题刷存在感。这三个国家在南海问题上"臭味相投"，他们都担心中国东盟把南海问题处理好了，自己会被"边缘化"，失去挑拨离间的抓手。

对"南海仲裁案"，连当事国菲律宾都不提了，美日澳却念念不忘鼓动菲律宾，但被菲律宾外长无情"打脸"。菲外长卡耶塔诺表示，菲律宾是个主权独立国家，没人可以告诉我们要做什么。菲律宾将自己决定，怎样做才对国家利益有好处。

过去美日等个别域外国家躲在幕后煽风点火；现在，在南海声索国采取了不同的、积极的态度之后，他们只好自己冲向前台，执意在趋于平静的南海兴风作浪。他们不论用多么华丽动听的辞藻包装自己的用心，把自己装扮成正义、公正的化身，到头来都像是穿着"皇帝的新衣"在裸奔，赤裸裸地展示自己麻烦制造者的形象。

中国凭借历史耐心、战略定力和真心诚意，与东盟各国一道稳住了南海局势。这一局面来之不易，不容搅局者破坏。维护这一局面就是站在历史正确的一边，破坏这一局面就是开历史倒车，到头来被现实和历史嘲笑。南海搅局者对此应有足够的自知之明。

（作者为本报特约评论员、中国国际问题研究院特聘研究员）

《人民日报海外版》（2017年08月11日第01版）

美舰南海寻衅意欲何为

张军社

8月10日,美军"麦凯恩"号导弹驱逐舰未经中国政府允许,擅自进入中国南沙群岛有关岛礁邻近海域,进行所谓"航行自由行动"。美舰行为违反中国法律和国际法,严重威胁中国主权和安全利益,严重危及双方一线人员生命安全。对于美方这种炫耀武力、推动地区"军事化"、极易引发海空意外事件的行径,中国坚决反对。

国际社会不禁要问,当前南海形势日趋稳定,美国还有什么堂而皇之的借口,派舰机非法进入中国南海岛礁邻近海域寻衅滋事?美国这种赤膊上阵的举动,到底是出于什么目的?

其实,一段时间以来,美国派军舰战机窜入中国南海岛礁邻近海域进行所谓的"航行自由行动"基本围绕三个借口:

一是要履行所谓对盟国的防务承诺。但是很明显,随着美国在南海争端中的唯一盟国——菲律宾明确表示不参加美国在南海进行的联合巡逻、不希望南海再起争端,美国这一借口毫无说服力。

二是要维护所谓的南海航行自由。众所周知,南海的"航行与飞越自由"从来没有成为问题,也没有因南海争议受到任何影响,因而美国这一借口同样站不住脚。

三是要挑战中国的领土主张。中国对南沙群岛及其附近海域拥有无可争辩的主权,这有充分的历史和法律依据予以证明,因而美军舰机窜入中国南海岛礁邻近海域进行所谓的"航行自由行动",纯属捣乱和挑衅,违反国际法。长期以来，美军的言行，也违背了美国做出的"在领土主权问题上不选边站队"的承诺，是严重的背信弃义。

事实一再证明，美国是推动南海"军事化"的最大因素，美军是破坏南海和平稳定的"麻烦制造者"。说到底，美国派舰机窜入中国南海岛礁邻近海域进行所谓的"航行自由行动"，根本目的就是要煽动南海地区局势升温，破坏地区和平稳定，为其继续保持地区军事存在、进而影响并控制地区事务制造借口，实现其利用海洋争端牵制、遏制中国发展，维持地区霸权的目的。

美方需要明白，中国维护南海地区领土主权和海洋权益的决心坚定不移。美军的挑衅行动只会促使中国军队进一步加强各项防卫能力建设，提升国土防卫能力，坚定捍卫国家主权和安全。美方应早日回头，停止以所谓"航行自由"为名行违法挑衅之实的行动。

近日举行的东盟外长系列会议再次表明，绝大多数东盟国家希望南海成为和平之海、合作之海。美国应早日放弃冷战思维，别总想着搅局、添乱，应切实尊重中国的主权和安全利益、尊重中国和东盟国家维护南海和平稳定的共同努力，多做有利于地区和平稳定的事，而不是做破坏南海和平稳定的"麻烦制造者"。

(作者为海军军事学术研究所研究员)

《人民日报海外版》（2017年08月12日 第01版）

中国主权权益不容侵犯

苏晓晖

8月28日，中国外交部发布的一条消息引起各方关注：28日下午2时30分许，印方将越界人员和设备全部撤回边界印方一侧，中方现场人员对此进行了确认。

越界事件由印方而起。6月18日，印度边防部队270余人携带武器，连同2台推土机，在多卡拉山口越过锡金段边界线100多米，进入中国境内阻挠中方的修路活动。印边防部队越界人数最多时达到400余人，连同2台推土机和3顶帐篷，越界纵深达到180多米。印方行为引发局势紧张。

历经2个多月，越界事件终以印军主动撤出中国领土而得以解决。这种"主动"背后，反映出几点重要事实。

首先，印军越界确是违反双边条约和国际法。1890年，中国和英国签订《中英会议藏印条约》，划定了中国西藏地方和锡金之间的边界。该条约规定，洞朗地区位于边界线中国一侧，是无可争议的中国领土。长期以来，中印两国按1890年条约确定的边界线实施管辖，对于边界线的具体走向没有异议。边界一经条约确定，即受国际法特别保护，不得侵犯。事实上，印方深知理亏，对越界事件保持相对低调，避免主动宣传和报道。

其次，中国主权权益不容侵犯。越界事件背后反映出印度的政治和战略企图。印度以种种"借口"为其越界行为辩护，核心目标是在洞朗地区制造争议，甚至干扰中国与不丹之间的划界谈判。中国边防部队及时在现地采取紧急应对措施，维护国家领土主权和合法权益。中方通过外交渠道向印方传递清晰信息，划设红线，防止印方做出不切实际的误判。中国外交部发布题为《印度边防部队在中印边界锡金段越界进入中国领土的事实和中国的立场》的文件，向国际社会揭示真相。显然，中国保持战略定力，以理服人，通过外交沟通维护国家利益，也促使印度最终放弃侵害中方主权权益的幻想。

最后，中印友好符合两国利益。中印两国互为重要邻国，双边关系应在相互尊重主权和领土完整的基础上良性发展。两国身为发展中大国和新兴市场国家，有广泛的共同利益，完全可以携手发展。两个国家之间难免出现各种问题，通过对话增加互信、通过沟通管控分歧，才是维护中印关系良好发展的正确路径。

另外，值得警惕的是，在此次越界事件过程中，个别国家和某些西方媒体不断发出噪音，试图搅动中印关系和地区稳定。未来这些势力恐不会轻易罢手，仍会伺机生事。中印都要擦亮眼睛，避免落入陷阱。

中国坚决捍卫主权权益，同时也重视发展同印度的睦邻友好关系。中国重视对周边关系，秉持"亲诚惠容"的周边外交政策。印方则应认清现实、顾全大局，与中国相向而行。

(作者为中国国际问题研究院国际战略研究所副所长)
《人民日报海外版》（2017年08月29日第01版）

中止对美关税减让,是回应更是警示

梅新育

中方决定,自4月2日起,对自美国进口的128项产品加征15%或25%关税。此举是中国运用世界贸易组织规则,平衡因美国对进口钢铁和铝产品加征关税(即232措施)给我国利益造成的损失,为维护我国利益而采取的正当举措。

由于美国总统特朗普已于当地时间3月22日,签署针对中国"经济侵略"的总统备忘录,宣布将就中国在钢铁、铝贸易和知识产权方面的行为向500亿美元的中国对美出口商品征收惩罚性关税,同时限制中国对美直接投资,中国这一举动是对美方232措施的回应,更是对美方的警示——

是悬崖勒马撤回保护主义措施,还是继续一意孤行,悉听尊便,中方必定对等奉陪。中国不喜欢贸易战,但正义在手,中国不得不以战止战。如止不了战,中国应战便是。

用通行的国际惯例衡量,美方301调查报告中对中方的指责是站不住脚的。须知,中国实施的技术转让条例,是完全参照1985年联合国技术转让条例(草案)而制定的,而美国也参加了联合国技术转让条例。中国的技术转让条例显然符合国际惯例,何过之有?

不仅如此,按照通行的国际惯例,知识产权固然重要,却也应当防止被滥用。世贸组织《与贸易有关的知识产权协定》中,本身就有多项条款授权成员方采取必要措施保护自己公共利益,防止知识产权权利持有人滥用知识产权,特别是鼓励向发展中国家转让技术,必要时可以采取强制措施。

对照世贸组织相关条款，审视美国单方面发起的这场301调查，它究竟是在防止滥用知识产权、防止不合理地限制贸易对国际技术转让造成不利影响，还是完全相反，明眼人不难作出判断。

美国发动的这场贸易战，不仅不符合世贸组织规则，也不符合包括美国企业在内的许多迅猛发展新兴产业的要求。事实上，美国不同产业对知识产权保护的主张存在显著差异，迅猛发展、扮演了近二三十年国际经济发展技术火车头的软件等产业相当多地主张"弱保护"，制药产业则最强烈主张"强保护"。但制药业所要求的过度的"强保护"存在巨大伦理问题，在很多情况下已经走到了"勒索面临死亡风险的患者"的地步。

美国决策者口口声声希望鼓励创新、重建美国实体经济部门基础，但他们恐怕没有想清楚，自己到底是应该侧重保护创新更加活跃的产业，还是不惜制造严重伦理问题而片面听从创新没那么活跃、对经济社会拉动力量没那么强大的产业？

经过数十年发展，今日之中国不仅有足够实力，对开启贸易战衅端的对方造成至少同等力度损伤，更有运用这种实力的坚强意志。但贸易战归根结底不是好事，依靠贸易保护主义、而不是自我更新自我改革就能重建本国实体经济部门，更是十足幻想。为避免两败俱伤，幻想落空，开启衅端者撤回保护主义措施才是上策。

不知美国华府决策诸公，有此见识否？

（作者为商务部研究院研究员）

《人民日报海外版》（2018年04月03日 第 01版）

积极发展全球伙伴关系

中非合作共赢的新春天已经到来

李新烽

今年是中非关系承前启后、全面发展的重要年份。1月1日,国家主席习近平同南非总统祖马互致贺电,热烈庆祝中南建交20周年。两国元首的贺电释放出三个重要信息。

首先,自建交以来两国关系全面深入发展,不断巩固和深化中南全方位合作符合两国和两国人民根本利益。其次,根据祖马总统提议和非洲国家普遍愿望,中方同意将今年在中国举行的中非合作论坛部长级会议升格为论坛峰会。最后,作为中非合作论坛共同主席国,中南两国致力于推进中非伙伴关系,推动2015年论坛约翰内斯堡峰会成果落实。两国元首的贺电预示着中非合作共赢新春天的到来。

1月12日至16日,中国外长王毅出访卢旺达、安哥拉、加蓬、圣多美和普林西比等国,延续着中国外长连续28年新年首访非洲的优良传统。此访不但表明中方一贯高度重视发展中非友好关系、加强中非团结合作,而且表明中方不论非洲国家贫弱大小,不管是内陆国还是沿海国甚或是岛国,一视同仁平等对待。因为王外长此访的卢旺达、加蓬、圣多美和普林西比分别是资源相对贫乏、国土面积较小和国际影响力较弱的内陆国、沿海国和岛国。

1月18日,由中国社科院主办的"中国发展新时代与中非合作新机遇国际研讨会"将在北京召开。中国特色社会主义新时代为中非关系注入了新活力,为中非合作共赢提供了新机遇,如何利用好新活力、把握住新机遇,呼吁中非智库的积极参与和中非学界的智力支持。这次研讨会就是在这一大背景下举行的，可谓恰逢其时。

近年来在与非洲同行的交流中，笔者得知他们对中国基础设施建设先行、扶贫减贫脱贫经验以及工业化和城市化道路赞不绝口，认为这些成功经验对非洲具有特殊重要的借鉴意义。这里仅以基础设施建设为例，由于曾遭受殖民统治，非洲大陆缺少连贯的跨境基础设施网络，这是各殖民者之间缺乏统一计划也无法协调导致的结果，致使非洲国家之间物流运输成本非常昂贵。目前一个20吨重的集装箱从日本海运到肯尼亚蒙巴萨港的费用是1200美元，而这个集装箱从蒙巴萨港运到乌干达首都坎帕拉则要2500美元，运到卢旺达首都基加利更是高达4500美元。中国援建的蒙内铁路已经通车，这条铁路未来还将延伸至乌干达、卢旺达等国，届时将极大降低跨境物流运输成本，进一步推动东非次区域互联互通和一体化进程。

今年8月，金砖国家领导人将在约翰内斯堡会晤。南非是非洲经济发展的火车头，其代表非洲国家加入金砖国家旨在促进和推动非洲大陆的经济发展。这次金砖国家领导人齐聚南非，对加强金砖国家与非洲的经济合作、加快非洲大陆的前进步伐不言而喻。

今年，中非合作论坛峰会将在中国举行。这是一次加强中非团结合作的历史性盛会，在检阅中非合作论坛约翰内斯堡峰会成果落实情况的同时，峰会出台的新举措必将有力推动"一带一路"倡议与非洲"2063年议程"的有效对接，继续推动中非全面战略伙伴关系深入发展。

经过长期努力，中国特色社会主义进入新时代，新时代要有新气象，更要有新作为。中非合作共赢的新春天已经到来，让我们以饱满的热情拥抱这个新春天，撸起袖子加油干，不断推动中非关系全面深入发展，不辜负这个伟大的时代，不辜负这个美好的春天。

(作者为非洲问题专家、中国社科院西亚研究所副所长)
《人民日报海外版》（2018年01月15日第01版）

中俄是新型国际关系典范

苏晓晖

10月31日,俄罗斯总理梅德韦杰夫开始对中国正式访问,并将与中方共同举行中俄总理第二十二次定期会晤。

俄高度关注中国发展,重视两国关系。中共十九大召开,俄总统普京发来贺电,并在"瓦尔代"国际辩论俱乐部年会上对十九大作出积极评价。10月26日,习主席应约与普京通话时,普京衷心祝愿习主席带领中共这一世界最大政党持续取得新的成就。同时,普京高度评价双边关系,认为中俄关系堪称当代世界大国和睦共处的典范。

事实上,国家间如何相处不仅是中俄面临的课题,更是世界需要解决的难题。中共十九大报告给出的答案是:推动建设相互尊重、公平正义、合作共赢的新型国际关系。中俄关系已然成为新型国际关系的"样板间"。

相互尊重是两国实现和谐共处的基础。中俄多次在联合声明等重要文件中申明,将恪守《中俄睦邻友好合作条约》,相互支持对方维护主权、安全和领土完整等核心利益的努力,支持对方走符合本国国情的发展道路,支持对方发展振兴,支持对方推行自主的内政方针。中俄高层保持着密切沟通,各类机制和架构配合支撑两国顺畅交流。通过相互尊重打造牢固互信,构成中俄政治关系的本质属性和最重要特征。

公平正义是两国全面战略协作的应有之义。中俄同为第二次世界大战战胜国、联合国安理会常任理事国和主要新兴市场国家,有责任、有义务、有必要在国际和地区事务中开展更加密切有效的协作,共同促进地区及世界的和平稳定和繁荣发展。维护战略平衡与稳定是中俄坚守公平正义的重点体现。中俄反对个别国家和军事—政治同盟谋求在军事和军技领域获得决定性优势，以便在国际事务中毫无阻碍地通过使用或威胁使用武力来实现自身利益，并企图以牺牲他国安全换取自身安全。在处理朝核等地区热点问题时，中俄强调不应动用军事手段，并对一些浑水摸鱼的国家提出警告，有效防止局势失控。

合作共赢是两国关系发展的持久动力。双方正在发挥各自优势，本着互惠互利、相互理解的原则，围绕发展战略对接以及"一带一路"建设与欧亚经济联盟对接，深化各领域务实合作。另外，两国不断推动人文交流合作，将民意相通和文化相融作为两国世代友好的根基。

十九大报告指出，中国积极发展全球伙伴关系，扩大同各国的利益交汇点，推进大国协调和合作，构建总体稳定、均衡发展的大国关系框架，按照亲诚惠容理念和与邻为善、以邻为伴周边外交方针深化同周边国家关系，秉持正确义利观和真实亲诚理念加强同发展中国家团结合作。中俄良性互动，证明了中国特色大国外交设计的合理性和可行性，展现了中国"朋友圈"建设的美好前景，也为新型国际关系的构建提供了样板。

（作者为中国国际问题研究院国际战略研究所副所长）
《人民日报海外版》（2017年10月31日第01版）

擘画新时代中美关系新蓝图

贾秀东

11月8日,美国总统特朗普开启对中国的国事访问,第一站到访故宫博物院。在故宫浓厚的历史文化氛围中,中美两国元首以独特的、非正式互动的方式拉开了筹划中美关系未来的序幕。

特朗普此行备受国际舆论关注,大家既关心双方在具体议题上能达成哪些共识和成果,又关注双方关于中美关系未来走向释放什么信号。对于国际舆论来说,在以下三大问题上如果能够看透、想通,将有助于看清中美关系的走向,明了中美元首会晤的重要意义。

一是如何看中国。关键在于客观公正认识"中国特色"。中美都是有特色的国家,也都是很有个性的国家。中国是一个历史悠久、人口众多的发展中国家,也是由中国共产党领导的社会主义国家。中共十九大宣告中国特色社会主义进入了新时代,并确定了"两个阶段"的发展目标。无论是在国内努力建设富强民主文明和谐美丽的国家,还是在国际上致力于建设持久和平、普遍安全、共同繁荣、开放包容、清洁美丽的世界,都体现了中国为构建人类命运共同体作出更大贡献的愿望和决心。进入新时代的中国将继续践行中国特色大国外交,高举和平、发展、合作、共赢的旗帜,恪守维护世界和平、促进共同发展的外交政策宗旨,坚定不移地寻求发展同各国的友好合作。这样的中国特色将确保中国始终是世界和平的建设者、全球发展的贡献者、国际秩序的维护者。中国的发展是世界的机遇,不是挑战,更不是威胁。

二是如何看世界。关键在于认清历史趋势。故宫见证了中国历史的兴衰荣辱，目睹了中国从站起来、富起来到强起来的历史转变。中国历史与世界历史息息相关。世界范围内五百年来遭遇了殖民与扩张时代以及战争与革命时代，沧海桑田，终于迎来和平与发展的时代。当今世界正处于大发展大变革大调整时期，和平与发展仍然是时代主题，和平与发展的大趋势不可逆转。中国的战略选择和发展路径符合时代潮流。习近平主席指出，"我们生活的世界充满希望，也充满挑战。我们不能因现实复杂而放弃梦想，不能因理想遥远而放弃追求。没有哪个国家能够独自应对人类面临的各种挑战，也没有哪个国家能够退回到自我封闭的孤岛"。中国拥抱全球化，也深知全球化带给各国的挑战。各国应同舟共济，推动经济全球化朝着更加开放、包容、普惠、平衡、共赢的方向发展。

三是如何看中美竞争。关键在于要有全球视野。其一，作为世界上两个最大经济体和安理会常任理事国，中美在维护世界和平稳定、促进全球发展繁荣方面拥有广泛的共同利益，肩负特殊的重要责任。两国利益深度交融，早已形成你中有我、我中有你的局面，谁也离不开谁。中国不是美国一些人想象的对手和敌人；其二，各国相互联系和依存日益加深，中国在各国外交天平上的分量越来越重，美国的盟友总体上来讲不愿在中美之间选边站，中国的"朋友圈"同样也不希望中美变成对立关系。如果为了迎合那种防范和牵制中国的想法，把中国当成对手，来编织针对中国的亚太战略或者全球战略，最终都不会成功，只是徒增中美之间的战略互疑。

习近平指出，我们有一千条理由把中美关系搞好，没有一条理由把中美关系搞坏。美国新一届政府就职以来，良性互动是中美关系的主色调，开局基本平稳，这与两国元首的战略引领是分不开的。特朗普此次访华正值中共十九大胜利闭幕后不久，为两国加深相互了解提供了机遇。两国元首利用此次会晤就共同关心的重大问题再次进行战略性沟通，将为新时代中美关系发展描绘更加绚丽的蓝图。

(作者为本报特约评论员、中国国际问题研究院特聘研究员)

《人民日报海外版》（2017年11月09日第01版）

中欧关系全球意义日益凸显

王义桅

李克强总理即将启程访欧,参加中德总理年度会晤和第十九次中欧领导人会晤,并访问比利时。李克强总理的欧洲之行恰逢美欧刚刚在北约峰会、七国集团(G7)峰会上围绕贸易、气候变化等问题龃龉不断,因此尤其为世界所关注。从多极化到全球化,从全球治理到多边主义,中欧关系有新的共同使命,中欧关系的全球意义日益凸显。中欧全球层面的共同价值观在增加,主要体现在:

同为全球化的推动者。李克强5月24日会见德国副总理兼外长加布里尔时说,期待通过此访共同发出中德、中欧支持经济全球化和贸易投资自由化便利化、维护地区和平稳定、促进发展繁荣的强烈信号。德国总理默克尔近日公开表示,保护主义和孤立主义短期或有些许甜头,但中长期将削弱本国创新能力和发展潜力,逆全球化将把包括德国在内的所有国家引入发展的"死胡同"。欧盟发布的《驾驭全球化反思报告》白皮书,也强调全球化积极作用,认为全球化趋势不可逆转,并明确反对保护主义。全球化做大做强了中欧共同利益。2004年以来,欧盟连续位居中国第一大贸易伙伴,中国也多年保持欧盟第二大贸易伙伴地位。

同为全球治理的促进者。特朗普首访欧洲,告诉七国集团的伙伴,他需要更多时间思考是否坚持他的竞选誓言,使美国退出巴黎气候协定。德国总理默克尔日前在一场竞选活动中称,欧洲不能再继续依赖其他国家了。欧洲理事会主席图斯克评论说,"这是七国集团峰会最具挑战的一次"。"最重要的是，我们必须捍卫基于规则的国际秩序。"寻求与中国在气候变化和全球治理，包括海洋、极地问题上的合作，成为欧盟外交重点。

同为多边主义的实践者。特朗普与其他七国集团成员国在贸易和气候变化问题上产生矛盾，让欧洲更重视与中国合作践行多边主义。中国的"一带一路"倡议倡导多边主义，因此为欧洲所看重。欧委会主席容克在七国集团峰会召开前发表演讲称，欧洲人相信开放的社会，我们一直在寻求多边解决方案。我们要建立桥梁，而不是屏障。

"一带一路"倡议提出后，中欧关系在"五通"各领域均取得了重大进展。尤其值得一提的是，中欧班列为推进"一带一路"建设提供了有力的运力保障。中欧班列开启欧亚内陆贸易的新时代，成本是空运的1/5，时间比海运缩短了一半以上，在汽车零配件、保质期短的食品等货物运输方面尤其具有优势，丰富了中欧人民的生活。中欧班列还促进了中欧地方合作，激活了物流、信息流，增强了中欧贸易的内生动力。

中欧关系已过不惑之年。中欧将拓展电子商务、服务贸易等领域合作，以弥补传统贸易不足，同时，把气候变化打造成中欧合作新亮点。

中欧关系带着新使命、新动力，正在克服前进中的阻力，给世界带来更多正能量。

(作者为同济大学德国研究中心研究员、中国人民大学欧盟研究中心主任)
《人民日报海外版》（2017年05月31日第01版）

中日是搬不走的邻居

贾秀东

4月15日至17日，国务委员兼外交部长王毅应邀对日本进行正式访问，并同日本外相河野太郎主持召开第四次中日经济高层对话。王毅此行是两国加强高层交往和沟通的重要举措，对进一步巩固中日关系改善的势头有重要意义。

从日本首相安倍在会见王毅时的表态看，日本政府对改善两国关系有着强烈意愿。安倍主要表达了两层意思：一是政治层面，日方高度重视对华关系，愿以日中和平友好条约缔结40周年为契机推动两国关系全面改善，实现包括李克强总理访日在内的高层交往，在战略互惠关系框架下开展更广泛的合作。二是经贸层面，日方欢迎习近平主席近日宣布的中国扩大开放新举措，认为将有利于促进日中经济关系，期待"一带一路"建设能够有利于地区经济的恢复和发展，日本同样重视世界贸易组织规则，主张按世贸组织规则处理经贸问题。

的确，与前几年的低迷相比，现在的中日关系呈现积极改善动向，多层次对话渐次开展，双方就进一步推动两国关系改善达成了共识。这一改善势头来之不易，值得珍惜。特别是今年是《中日和平友好条约》缔结40周年，也是《中日联合宣言》发表20周年和《中日关于全面推进战略互惠关系联合声明》发表10周年，中日关系正面临着一个走出近年来困境的历史机遇期。关键在于，日本方面能否与中方相向而行，"不忘初心、巩固基础、以史为鉴、共创未来"，推动两国关系沿着正确方向行稳致远。对日方来说，正确处理好下述四个问题至关重要。

一是政治上讲信用，守规矩，也就是恪守《中日联合声明》等中日四个重要文件所确立的重要原则，妥善处理涉及两国关系政治基础的敏感问题。正所谓"基础不牢，地动山摇"，日方在历史问题和一个中国原则问题上不要再反复无常。

二是安全上对华少疑神疑鬼，也就是要客观、理性看待中国的发展，切实把中日"互为合作伙伴、互不构成威胁"的共识落实到具体行动当中。正所谓"心病还须心药治"，日方应端正对华认知，放弃"围堵"中国的对抗心态，不再散布或附和形形色色的"中国威胁论"。

三是经贸上摒弃"零和"游戏，也就是要坚持互利共赢、共同发展，与中方一起挖掘经贸合作新动能，致力于实现两国经济合作的提质升级。把对"一带一路"态度的积极转变进一步变成积极的实际行动，与中方一道推动"一带一路"合作取得成果，将其打造成两国合作的新亮点。

四是多边上应与中方一起继续推进东亚经济一体化进程，加速进行中日韩自贸区和区域全面经济伙伴关系协定谈判，向着早日建成亚太自由贸易区的目标不断迈进。双方应共同反对贸易保护主义，共同维护多边贸易体制，共同推动建设开放型世界经济。

中日是隔海相望、搬不走的邻居。中方始终重视中日关系，希望两国和平相处，互利合作，期盼两国关系重回正常轨道。但是，日本政府对华政策存在两面性，日本存在对华"两面人"，时不时地在涉华敏感问题上"开倒车"，对这一点中方也有着非常清醒的认识。当前，中日关系的积极变化符合双方的共同利益，但中日关系要真正走上健康、稳定发展之路，还需要双方共同付出巨大努力。

日方能否以实际行动，拿出诚意来，不犹豫，不后退，不折腾，多做有利于双方增信释疑、良性互动的事儿，中方拭目以待。

（作者为中国国际问题研究院特聘研究员）

《人民日报海外版》（2018年04月17日第01版）

中拉合作扬帆驶入新时代

吴洪英

新年伊始,中拉合作迎来新气象。1月19—22日,中拉论坛第二届部长级会议在智利首都圣地亚哥举行。这是该论坛部长级会议首次在拉美举行,是中共十九大提出的中国特色大国外交要致力于构建新型国际关系、构建人类命运共同体的"双构理念"在拉美的具体体现,也是中拉合作史上的一件盛事,标志着中拉关系进入整体合作加速发展的新时代。

中拉论坛是由习近平主席2014年7月亲自倡导成立,2015年1月北京首届部长级会议标志正式启动。这是继"中非论坛""中国与东盟10+1"机制、"中阿论坛""中国与中东欧国家经贸论坛"之后,中国建立的又一个发展中地区对话与合作平台,标志中拉整体合作由构想变为现实,实现了中国同发展中地区合作机制"全覆盖",完善了中国外交的整体布局。

三年来,中拉论坛在创新中发展,在发展中壮大。从顶层设计看,中拉领导人频繁互访,尤其习近平主席4年3访拉美到访10国,与拉美国家领导人达成加强中拉论坛机制建设、推动中拉整体合作的共识,共同确立了"建立平等互利、共同发展的全面合作伙伴关系"新目标。

从机制建设看,中拉对话合作机制不断丰富完善。定为每三年轮流在中国和拉美国家举行的部长级会议举行两次,中国—拉共体"四驾马车"外长对话举行三次,中拉"政党、青年政治家、农业部长、智库、企业家、科技创新、基础设施、地方政府、民间友好"等17个分论坛相继建立并展开活动,合作范围拓展到十多个领域。

从经贸合作看，中方提出的"1+3+6"合作框架和"3×3"合作模式有力推动中拉务实合作。2017年1月—10月，中拉贸易额达2012.9亿美元，同比增长18.3%。在拉美的中企已超2000家，中国对拉美直接投资存量达2071.5亿美元，占中国对外投资总量的15.3%，拉美已成为仅次于亚洲的中国海外投资第二大目的地。中方350亿美元对拉美"一揽子融资安排"已让拉美20多国80多个民生项目受益。

从人文交流看，中国大幅增加拉美共同体成员国奖学金和培训名额，已邀拉美800多位政党领导人、200多位青年领袖访华，提供近4000个来华培训和200多个在职硕士名额，"未来之桥"中拉青年领导人千人培训计划、"中拉科技伙伴计划"等有序推进，中拉新闻交流中心正式成立，"中拉文化交流年"推动中拉文化互学互鉴高潮迭起。目前中国在拉美20个国家建有39所孔子学院和18所孔子课堂。

2018年初的这场部长级会议无疑是一次承前启后、继往开来的开局之作。中国外长与拉美33国外长或政府代表及4个多边国际机构代表围绕加强机制建设、"一带一路"建设、互联互通、气候变化等议题展开磋商，聚焦务实合作，共倡互利共赢，共谋未来合作蓝图。会议通过的成果文件将成为新时期中拉合作指导性文件和行动纲领。拉美作为"古代海上丝绸之路"的自然延伸，正在成为"一带一路"建设不可或缺的参与方，"一带一路"倡议与拉美发展战略对接将推动中拉整体合作迎来一个新的战略机遇期。

当前，中国已经进入致力于全面建成中国特色社会主义现代化国家、实现中华民族伟大复兴的新时代。拉美国家也在积极探索符合自身国情的发展道路，致力于跻身发达国家行列的"拉美梦"。我们期待中拉双方团结协作，开拓进取，共圆"中国梦"和"拉美梦"。

（作者为中国现代国际关系研究院拉美所所长）
《人民日报海外版》（2018年01月22日第01版）

中德携手构筑全球治理责任共同体

郑春荣

中国国家主席习近平于7月4日至6日对德国进行国事访问,并出席7月7日至8日在德国汉堡举行的二十国集团(G20)领导人峰会。这是习近平担任国家主席以来第二次访问德国。2014年习主席首次访德时,中德双方将两国关系提升为全方位战略伙伴关系。习主席的此次访问受到广泛关注,必将把中德两国的政治互信和务实合作水平提升到新的高度。

日前,习主席在德国《世界报》发表的题为《为了一个更加美好的世界》的署名文章中表示,中德两国要对世界和地区和平、稳定、繁荣肩负起重要责任。可以说,在当前全世界范围各种不稳定不确定性增加的严峻形势下,中德两国有必要且有能力携手构筑全球治理责任共同体。

首先,中德两国日益紧密的全方位战略伙伴关系,为中德共担全球责任奠定了坚实基础。中德建交45年来,两国关系积极向前发展。近年来,两国领导人更是互访频繁,两国政治互信日益增强。中德经贸联系越加紧密,投资合作已从"单行道"拓展为"双向快车道"。在今年5月中德两国建立高级别人文交流对话机制后,中德两国人民之间也搭起了"心灵之桥"。习主席此次访德,两国领导人不仅就国际和地区热点问题深入交换了意见,而且有力地推进了德国"工业4.0"与"中国制造2025"的战略对接,扩大了两国在"一带一路"倡议框架里的务实合作。与此同时,作为中德友谊使者的一对大熊猫来到德国,定将进一步拉近中德两国人民心灵之间的距离。

其次,错综复杂、乱变交织的国际形势,要求具有重要影响力的中德两国勇担全球责任。当前世界范围依然存在着各种危机和冲突，跨国恐怖主义蔓延肆虐、世界经济形势动荡、贸易保护主义思潮抬头……甚至《巴黎协定》也面临着美国宣布退出的挑战。在这样的大背景下，需要拥有全球胸襟和视野的中德两国为全球治理贡献自己的力量。习主席此次访德，必将为中德两国关系的未来发展谋划出新的蓝图，推动中德在全球治理中发挥更大作用，并引领中欧关系的全面发展，推动一个重拾自信的欧盟加入这个责任共同体。

最后，中德两国在全球治理领域具有广泛的共识，两国先后举办二十国集团领导人峰会，为两国在全球治理中承担责任提供了契机。中德两国都主张继续推进全球化进程，重视发展问题和联合国《2030年可持续发展议程》的落实，致力于国际关系规则和全球治理机制的改进与完善。两国不仅加强二十国集团框架里的协调与合作，而且共同确保二十国集团继续发挥国际经济合作主要论坛作用。习主席此次访德并出席二十国集团汉堡峰会，是对德国举办二十国集团峰会的支持，也表明了中德两国携手促进世界经济强劲、可持续、平衡、包容增长的信念与担当。

回顾过去，中德两国在各个方面的利益紧密交织，双方已经在很大程度上形成了你中有我、我中有你的命运共同体，给两国人民带来了实实在在的好处。展望未来，中德两国必将为推进和改善全球治理肩负起更重大责任、作出更大贡献，从而有力促进世界的和平、稳定、繁荣。

（作者为同济大学德国研究中心主任、教授）
《人民日报海外版》（2017年07月06日第01版）

中法关系三大特质给人启示

易 凡

1月8日至10日，法国总统马克龙应习近平主席邀请对中国进行国事访问，成为中国贯彻十九大精神开局之年接待的首位外国元首，中法关系面临新的历史发展机遇。

法国是第一个同新中国正式建交的西方大国，中法建交对世界格局产生了深远影响。中法关系长期走在中国同西方大国关系前列，近年来更加成熟稳定和富有活力。中法关系何以独树一帜，三大特质给人启示。

一是独立自主、政治互信。独立自主是中华民族和法兰西民族的共有禀赋。建交50多年来，中法历代领导人总能"不畏浮云遮望眼"，从战略和长远角度看待和处理双边关系，坚持不懈进行超越集团对抗、求同存异、互利共赢的探索和实践。两国率先建立全面伙伴关系、全面战略伙伴关系，率先开展战略对话、互办大型文化主题年、互设文化中心，成为东西方文明和谐相处、大国间互尊互信、共赢发展的典范。源自独立自主的政治互信确保两国牢牢把握前进方向，这是中法关系的核心特质和两国长期交往积累的宝贵财富，值得珍视、继承和发扬。

二是敢为人先、互利共赢。中法都是古老而常新的文明，有着兼容并包、创新变革的精神共鸣。法国是第一个同中国开展民用核能合作、第一个同中国签订航空运输协定的西方国家，是最早开展对华投资的西方国家之一。2014年3月，习近平主席对法国进行历史性访问，开创紧密持久的中法全面战略伙伴关系新时代。中法合作全面提速，向企业全产业链合作、联合研发制造和共同开拓第三方市场的更高阶段迈进。双方正积极对接《中国制造2025》和法国未来工业计划，大力拓展在可持续发展、金融、农业食品、创新等新兴领域合作，探讨"一带一路"具体合作模式，打造更加紧密互惠的伙伴关系，继续引领中西方合作，为世界经济可持续发展、国际产业升级贡献"中法方案"。

三是责任担当、计天下利。中法两国都有"家国天下"的情怀，同为联合国安理会常任理事国，对国际事务具有重要影响，对涉及人类命运的重大问题负有共同责任。有着大国地位自觉的中法两国在推动世界多极化、经济全球化、文明多样性、国际关系民主化等方面立场高度契合。从反霸到打恐，从核不扩散到促成《巴黎协定》，从捍卫以联合国宪章宗旨和原则为核心的国际秩序到推动国际货币基金组织改革，两国携手弘扬多边主义、推动解决热点问题、应对全球挑战、完善全球治理，共担维护世界和平、促进共同发展的大义。中国一向重视法国作为欧盟创始成员国和核心大国发挥的重要作用，始终支持欧洲一体化进程，希望同法国一道，继续推动中欧四大伙伴关系建设，促进中欧、亚欧共同繁荣。

实践证明，中法两国没有根本利害冲突，没有历史包袱，有的是两大文明相互欣赏、相互吸引的惺惺相惜，有的是独立自主、敢为人先、责任担当的精神共鸣，有的是政治互信、互利共赢、为全球谋福祉的战略契合。马克龙总统重视发展对华关系，同习近平主席两次通话，并在二十国集团领导人汉堡峰会期间成功举行首次会晤。不久前，马克龙偕夫人专程到位于法国中部的博瓦勒动物园看望中法熊猫宝宝"圆梦"，表示对中国"友好且具有战略意义的"访问将翻开"两国关系历史新篇章"。

戴高乐将军曾指出"法国如果不伟大就不成其为法国"。法兰西民族的大国梦想同中华民族伟大复兴的中国梦是相通的，中法两国共同开辟人类更加繁荣、更加安宁的美好未来的追求是相同的。我们有理由相信，勇于逐梦的中法两国携手同行，一定会圆梦新时代，开拓新未来。

（作者为国际问题观察员）

《人民日报海外版》（2018年01月08日第01版）

中英关系步入新时代

张 健

2月1日,习近平主席会见来华访问的英国首相特雷莎·梅,提出中英双方应赋予中英关系新的时代内涵,共同打造"黄金时代"增强版。习主席的倡议是对中英关系当前发展的肯定,必将推动中英关系在新时代健康稳定发展,为两国人民带来更多福祉,为世界繁荣稳定提供更多助力。

"黄金时代"是中英关系的关键词,在中国与欧洲国家的诸多双边关系中独树一帜。2015年10月,习近平主席成功访英,两国宣布构建面向21世纪全球全面战略伙伴关系,开启持久、开放、共赢的中英关系"黄金时代"。从那时以来,国际形势风云变幻,但中英双方共建"黄金时代"的决心未变。特雷莎·梅此次访华,中英双方达成多项共识,签订多项协议,正式开启中英"黄金时代"增强版的新时代。

中英关系未来发展需要战略性引领,"黄金时代"增强版正是这种引领性需要的产物,符合中英双方的长远利益,契合中英两国新时代发展的新要求。当前,英国正在稳步推进脱欧进程,国家未来发展既面临不确定性,也可能因此打开新的发展窗口。为此,英国提出了新的产业发展战略,提出了"全球化英国"战略等未来发展规划。中国作为一个欣欣向荣的大国,无论在经济发展、安全维护还是国际治理等方面,都应能为英国提供极大助力。

中国特色社会主义进入了新时代,中共十九大报告规划了中国未来发展蓝图,中国对外开放的大门将越开越大。作为联合国安理会五常之一,作为一个开放性、创新性大国,作为一个具有独特全球影响力的重要国家,英国应该成为中国经济社会发展、"一带一路"建设和人类命运共同体建设的天然合作伙伴。

中英两国共同打造"黄金时代"增强版有良好基础。其一，中英双方彼此高度重视。英国是最早承认新中国的西方大国，也是首个加入亚投行的西方大国，具有战略和长远眼光。近年来，中英双方高层及民间交流频繁，"黄金时代"的政治基础和民意基础厚实。其二，中英双方均高度务实。英国秉持开放态度，中英在金融、核电、投资等领域务实合作走在欧洲前列，如欣克利角的核电站项目、启动中的沪伦通项目等，英国在人民币国际化方面也持积极正面态度。中国对英国投资保持良好势头，即使在英国脱欧的背景下，中国对英投资也不减反增。其三，中英在诸多国际问题上理念相近，合作良好。中英两国都支持经济全球化、反对保护主义，支持改革全球经济治理体系，主张全球合力应对气候变化、解决环境污染，主张维护伊朗核协议成果等。中英两国在联合国、二十国集团等框架下也有良好沟通和合作。

打造中英"黄金时代"增强版，符合中英两国根本利益，将给两国带来实实在在的好处。中英关系也将成为新型国家间关系的典范，最终惠及全球，促进人类命运共同体建设。

(作者为中国现代国际关系研究院欧洲所所长)

《人民日报海外版》（2018年02月03日第01版）

中瑞关系：四个典范 四重意义

陈须隆

中国国家主席习近平于1月15日至18日对瑞士进行国事访问、出席世界经济论坛2017年年会并访问瑞士国际组织，引起举世瞩目。此访的重要意义之一在于，中瑞关系的多重示范意义得以彰显。

中瑞关系是不同类型国家友好相处的典范。16日，习近平主席同瑞士联邦主席洛伊特哈德会谈时指出，中瑞关系已经成为不同社会制度、不同发展阶段、不同大小国家发展友好合作的典范。

中瑞两国相距遥远，国家体量差别大，文明基因不同，社会制度不同，发展阶段不同，但两国人民长期互有好感，双方相互尊重各自选择的社会制度和发展道路，坚持平等相待和友好合作。自1950年中瑞建交以来，两国关系取得长足发展，并携手培育了"平等、创新、共赢"的中瑞合作精神。习近平此访，旨在巩固友谊、推进合作、共谋和平与发展，给中瑞友好关系注入了强大新动能，开辟两国友好相处的光明前景。

中瑞关系是不同经济体互利合作的典范。两国在经济上互惠互利，相互提供发展机遇，不断深化合作。1974年12月，《中瑞贸易协定》签订。1979年瑞士给予中国普惠制待遇。2013年7月，两国签订《中瑞自由贸易协定》，成为中国与欧洲大陆国家和全球经济前20强国家签署的首个双边自贸协定。瑞士还是最早承认中国完全市场经济地位的欧洲国家之一。中国则成为瑞士在亚洲最大贸易伙伴国。瑞士从中国经济发展中获益良多。近年来双方经贸、投资、金融等领域合作发展迅速。瑞方积极参加亚投行，支持"一带一路"建设。习近平在瑞士表示，双方要深化贸易、金融合作。瑞方对此作出了积极回应，预示着两国经济合作将开辟新局面。

中瑞关系是创新战略伙伴关系的典范。习近平同洛伊特哈德会谈时，双方同意在中瑞创新战略对话平台这一新机制统筹引领下，加强"中国制造2025"同瑞士"工业4.0"对接，推进两国企业和研究机构创新合作。

瑞士是"科技创新之国"，创新是其重要特色。中国以创新作为发展的最重要动力，把创新置于五大发展理念之首。2016年全球创新指数显示，瑞士高居榜首，中国则由2015年的第29位升至2016年的第25位。《2016—2017年全球竞争力报告》表明，在全球竞争力排名榜上，瑞士连续第八年排名榜首，中国连续第三年居第28位，保持最具竞争力新兴市场地位。两国元首于2016年4月一致决定建立中瑞创新战略伙伴关系，瑞士也因而成为中国首个创新战略伙伴关系国，其引领和示范意义不言自明。习近平此访，丰富和深化了中瑞创新战略伙伴关系的内涵，谱写了两国创新合作新篇章。

中瑞关系是共商共筑人类命运共同体的典范。双方在反对贸易保护主义、和平解决国际争端等重大问题上拥有相同或相近立场。

中瑞都关心人类的前途和命运，都有兼济天下之情怀，都积极弘扬多边主义，携手推进全球治理。瑞士既是多边主义的中心舞台，也是加强全球治理的前沿阵地，还是推动建设人类命运共同体的理想高地。习近平此访，将发出共商共筑人类命运共同体的时代强音，中瑞双方不仅是历史见证者，也是践行者和"同呼吸、共命运的朋友"。

无疑，高质量的中瑞关系在中国同欧洲乃至西方国家关系中具有多重示范意义。

(作者为中国国际问题研究院国际战略研究所所长)
《人民日报海外版》（2017年01月17日第01版）

从中蒙"整束好行装再出发"说起

华益文

2月20日,中国外长王毅在与蒙古国外长会谈后共同会见记者时表示,中蒙关系可谓"整束好行装再出发",一语道出中蒙关系的现状和走向,也折射出中国外交的一些脉络。

第一,仗义。

当前,蒙古国面临经济困难。在经历几年高速发展之后,蒙古国去年开始陷入经济危机状态,在财政上过起"拆东墙补西墙"的日子,尤其是今年出现主权债务违约风险,迫切需要外来资金帮助其渡过难关。此时,中方承诺将会通过国际货币基金组织等多边和双边渠道,为蒙渡过难关提供力所能及的帮助。正如王毅外长所说,"邻居有难时,我们应伸出援手。朋友需要帮助时,我们愿助一臂之力"。人们不会忘记,在1997年亚洲金融危机、2008年国际金融危机爆发后,中国先后对有关国家出手相助。习近平主席曾多次讲到中国外交坚持正确义利观,做到义利兼顾,讲信义、重情义、扬正义、树道义。这是中国作为一个负责任大国的担当。这种仗义不仅体现在满足其他国家一时之需上,更体现在中国真心诚意地帮助他国实现和平发展上。这方面的例子在中国外交中比比皆是。这种外交上的仗义,为中国赢得了国际声誉、赢得了朋友。

第二,底线。

中蒙关系的发展并不是一帆风顺的。去年11月,蒙方不顾中方反对,执意允许达赖喇嘛窜访蒙古国,对中蒙关系产生消极影响。此后蒙方及时采取积极措施回应了中方关切，包括作出郑重表态和承诺，重申坚定奉行一个中国政策，尊重中方在涉藏等问题上的核心利益和重大关切。这对中蒙关系重回正轨并在新起点上继续前行具有重要意义。中国外交有自己的底线，在涉及国家核心利益的问题上绝不会含糊，这与中国外交的仗义并不矛盾。中国坚持走和平发展道路，坚持以邻为伴、与邻为善，与此同时坚定捍卫自己的核心利益，不允许其他国家挑战、损害中国的主权、安全、发展利益。不论涉藏、涉台问题，还是海洋权益等问题，如果有人触碰中国的底线，就会招致中方的坚决反对甚至反制。中国的外交仗义是建立在相互尊重核心利益基础上的，外界不能误认为中国会为了维护和平稳定的外部环境，就会不惜在核心利益问题上犹疑、妥协、忍让。

第三，共赢。

中蒙关系面临新的机遇，具有很大潜力。在包括中国在内的国际社会支持下，蒙古国通过自己的努力，有可能很快摆脱困境，走上经济恢复发展的道路。中蒙山水相连，拥有4700多公里陆地边界线，两国经济互补性又强，发展好中蒙关系对双方都具有重要战略意义。中国外交追求的是合作共赢。中国同意与蒙古国加紧商签发展战略对接、加强产能投资、跨境经济合作区相关文件，尽早启动中蒙自贸协定联合可行性研究，都是对两国长远经济发展有益的。此外，中蒙还将尽早签署"一带一路"倡议与蒙方"草原之路"发展战略对接的政府间文件，中蒙俄三方也已就建设中蒙俄经济走廊达成共识并签署规划纲要。这表明，合作共赢才是促进各国利益的最佳选择。中国即将主办"一带一路"国际合作高峰论坛，"一带一路"倡议已成为当今世界最受欢迎的国际合作构想，这生动体现了中国倡导的合作共赢理念的强大感召力和生命力。中国坚持正确义利观，言出行随。对此，其他国家应本着相互尊重的态度与中国相向而行，最终实现合作共赢。这也是中蒙"整束好行装再出发"带给我们的启示。

(作者为国际问题专家)

《人民日报海外版》（2017年02月22日第01版）

中芬伙伴关系充满正能量

苏晓晖

4月4日至6日，中国国家主席习近平对芬兰进行国事访问。访问期间，双方回顾了中芬建交67年来双边关系长足发展和两国长远友谊，宣布建立中芬面向未来的新型合作伙伴关系。

中芬伙伴关系的建立，源于两国近年来的共同努力。在2013年4月芬兰总统尼尼斯托来华进行国事访问期间，习近平主席与其就构建和推进面向未来的新型合作伙伴关系达成重要共识，为中芬关系发展指明了方向。此后，两国高层往来频繁，政治互信强化，合作广泛开展，人文交流密切，为习主席访问提升两国关系奠定了基础。

中芬伙伴关系是中国特色大国外交的重要实践。习主席在2014年中央外事工作会议上正式提出，要在坚持不结盟原则的前提下广交朋友，形成遍布全球的伙伴关系网络。同时，中国不断充实伙伴关系内涵，越来越多建立起特色鲜明的伙伴关系。中芬面向未来的新型合作伙伴关系，即是中国与时俱进广交朋友的成果。

中芬伙伴关系具有前瞻性。芬兰是最早同新中国建交的西方国家之一，也是首个同中国签署政府间贸易协定的西方国家。尼尼斯托总统是十八大后来华访问的首位欧洲国家元首。若干个"第一"说明，中芬关系充满活力、勇于开拓。当前，双方同意加强经济发展规划对接，探讨在"一带一路"框架内开展合作，共同促进亚欧大陆互联互通。在循环经济、资源利用效率、新型城镇化和绿色生态智慧城市建设等领域的深化合作，也凸显两国着眼未来发展。

中芬伙伴关系体现战略性。在双边层面，两国致力于加强国家层面政治引领和全面协调，推动各层级交流。在更宽广的视野中，双方将中芬伙伴关系作为中国欧盟全面战略伙伴关系的补充，同意共同致力于打造中欧和平、增长、改革、文明四大伙伴关系，推动落实《中欧合作2020战略规划》，促进中国—北欧合作。中芬伙伴关系对中国与北欧开展次区域合作以及中欧合作起到积极的示范作用。

中芬伙伴关系展示时代性。相互尊重是中芬关系多年来平稳发展的保障。习主席访问期间，双方重申相互尊重主权和领土完整，坚持相互尊重、平等相待原则，照顾彼此核心利益和重大关切。同时，中芬合作不针对第三方，强调开放包容。在建设中芬关系过程中，中国落实了以合作共赢为核心的新型国际关系的科学理念。另外，两国同意加强在国际和地区事务中的沟通和协调，维护世界和平稳定。中芬认为，经济全球化趋势不可逆转，愿促进全球治理体系朝着更加合理的方向发展。中芬伙伴关系，顺应和平、发展、合作、共赢的时代潮流。

中芬建立面向未来的新型合作伙伴关系，符合两国和两国人民根本利益，规划出两国关系发展的美好蓝图，也将为世界和平发展注入正能量。

（作者为中国国际问题研究院国际战略研究所副所长）

《人民日报海外版》（2017年04月07日第01版）

中哈关系的三重示范意义

寇思瑞

应哈萨克斯坦共和国总统纳扎尔巴耶夫邀请,中国国家主席习近平对哈萨克斯坦进行国事访问。这也是习主席第3次访问哈萨克斯坦,第16次同纳扎尔巴耶夫总统会晤。毫无疑问,此访将为中哈全面战略伙伴关系迈入新阶段提供新的动力。

中哈友好关系有着牢靠的合作基础,目前双边关系高速度、高水平发展,双方合作范围不断拓展,合作深度不断加强,各领域合作都取得了前所未有的成果,在诸多方面都具有十分重要的示范作用和意义。

第一,中哈关系是中国与周边国家发展合作共赢新型国际关系的范例。中国和哈萨克斯坦从睦邻伙伴关系、战略伙伴关系发展成为全面战略伙伴关系,在经济合作、军事信任、国际秩序等方面密切合作。哈萨克斯坦是中国重要的油气进口来源国之一,而中国是哈萨克斯坦第一大贸易伙伴。双方在经济结构上具有高度的互补性。在共同打击恐怖主义、跨境水资源利用与保护等非传统安全方面也进行了许多卓有成效的合作。中哈关系已经成为中国与周边国家"好邻居、好伙伴、好朋友"关系的范例。

第二,中哈关系对"一带一路"框架下国家发展规划对接具有示范意义。中哈两国领导人认为"一带一路"建设和哈萨克斯坦"光明之路"新经济政策相辅相成,双方将以此为契机进一步加强产能与投资合作。2016年,中哈两国政府签署了《"丝绸之路经济带"建设与"光明之路"新经济政策对接合作规划》,总投资260多亿美元的51项产能合作投资项目开始实施,给两国人民带来了实实在在的利益。这种合作将彰显"一带一路"倡议落地所产生的实际意义，并能够为更多国家在参与和建设"一带一路"方面提供参考和借鉴。

第三，中哈关系也成为南南合作、区域合作和新型国际关系的一个范例。中国和哈萨克斯坦将在包括上海合作组织、亚信框架和亚投行等框架内互相支持、共同推动区域合作的进程。从国际关系理念的角度来说，中国与哈萨克斯坦弘扬并践行"互信、互利、平等、协商、尊重多样文明、谋求共同发展"的"上海精神"，而双方的共同目标是共建中哈命运共同体和利益共同体。

总的来说，中哈关系已经成为"一带一路"框架下国家间政治上友好相处、发展上相互对接、国际上互相支持的新型国际关系范例，对促进区域的繁荣稳定、世界和平与发展、打造命运共同体具有重要示范意义。

（作者为中国人民大学中国海外安全研究所研究员）

《人民日报海外版》（2017年06月09日第01版）

坚持"一国两制",推进祖国统一

"一国两制"具有强大生命力

任成琦

如何评价香港回归祖国20年来"一国两制"的实践？任何尊重事实的人都会说，今天"东方之珠"风采依然，"一国两制"在香港成功落实。中央对推进"一国两制"实践有坚定信心和决心。

无论1998年亚洲金融风暴，抑或2003年"非典"肆虐，还是2008年国际金融危机，每当香港遭遇困难和挑战，中央政府总是在关键时刻义不容辞地出手相助，帮助香港遇难呈祥，转危为机。鲜活的事实，让西方对"一国两制"、对香港的一些悲观预言落空。如同国家主席习近平近日在参观香港回归祖国20周年成就展时所强调的，香港特别行政区实现各项事业全面发展，取得世所公认的成就，彰显出"一国两制"强大的生命力。

然而，"一国两制"事业没有现成的经验可循，在前进的道路上不可避免会遇到各种新情况和新问题。过去几年间，香港社会也出现了不和谐的音符，违法"占中"、旺角暴乱、辱国"宣誓"等闹剧先后上演。香港有一小部分人把"两制"与"一国"分割开来，只称民主，不讲法治，只讲"国际惯例"，不讲法律依据，把香港特区的高度自治权与中央的管治权相对立，把香港同胞与内地人民之间的关系来离间。这些事件和问题最终都得到依法处理，恰恰说明"一国两制"本身是有强大生命力的，是有制度韧性的，是历久弥坚的。

过去20年的实践已充分证明，深入推进"一国两制"实践是实现香港长期繁荣稳定的必然要求，符合国家和民族根本利益，符合香港整体和长远利益。习近平主席在回归成就展上的讲话意味深长——"一国两制"不仅是解决历史遗留的香港问题的最佳方案，也是香港回归后保持长期繁荣稳定的最佳制度安排。"最佳"两字，一锤定音，一切怀疑、否定"一国两制"的声音可以休矣。

党的十八大以来，针对香港的新情势，以习近平同志为核心的党中央提出了一系列新论述，强调中央对港政策不会变、不动摇，从立规矩、制度化层面强化依法治港，加大对香港的支持，进一步体现了对"一国两制"初心的坚守。

要确保"一国两制"在香港的实践不走样、不变形，关键是要做到三个"有机结合"，即把坚持一国原则和尊重两制差异、维护中央权力和保障特别行政区高度自治权、发挥祖国内地坚强后盾作用和提高香港自身竞争力有机结合起来，任何时候都不能偏废。只有这样，才能把路走对走稳，否则就会左脚穿着右脚鞋——错打错处来。

作为一项新生事物，"一国两制"需要在实践中不断探索、开拓前进。随着国家不断深化改革开放，随着"十三五"规划、"一带一路"倡议、亚投行、粤港澳大湾区城市群建设等一系列规划推进，香港将会获得更多发挥"一国两制"优势的机遇，获得源源不绝的发展动力。

二十载光阴如梭，香港走过坦途也经历波折。广大香港同胞愈加明白，对"一国两制"不忘初心、保持耐心、坚定信心，正是确保繁荣稳定、创造美好未来的关键所在。"祖国好，香港好"，"香港是我家，祖国是我根"，朴实无华的表达，传递出守望相助的深情。"抛开区分求共对，放开彼此心中矛盾，理想一起去追。"香港人引以为傲的"狮子山精神"，不也正是"一国两制"共存共赢的最佳写照吗？

(作者为本报编辑)

《人民日报海外版》（2017年06月29日第01版）

中央始终是香港发展的坚强后盾

吴亚明

中共中央总书记、国家主席、中央军委主席习近平6月29日中午乘专机抵达香港,出席将于7月1日举行的庆祝香港回归祖国20周年大会暨香港特别行政区第五届政府就职典礼并视察香港。广大香港同胞欢欣鼓舞、倍感荣耀,认为习主席香港之行,充分体现了中央政府和祖国内地对香港的真挚关怀和大力支持,充分体现中央始终是香港发展的坚强后盾。

从回归祖国的那一刻起,香港的命运就更加紧密地同祖国的命运联系在一起。过去20年,越来越多的香港同胞明白了"国家好,香港好;香港好,国家更好"的道理。回首前尘,从1998年亚洲金融风暴,到2003年"非典"疫情,再到2008年国际金融危机,每当香港遇到困难,中央政府就会及时伸出援手,出台并实施《内地与香港关于建立更紧密经贸关系的安排》、内地居民赴港"个人游"等一项又一项"挺港""惠港"政策,帮助香港渡过难关、应对挑战、抵御风险。"狮子山触得到长城,血脉里感应,和谐靠你赋予生命……"一首《始终有你》,道出香港同胞对国家的感念和感怀。

与此同时,中央始终将香港放在心上,不断在更宽领域、更高层次、更多机制上为香港发展创造新的机遇和动力。国家"十二五"规划港澳部分首次独立成章,从国家整体战略的高度,为香港提供了新的宝贵机遇和发展空间。在国家"十三五"规划纲要中,港澳部分再次单独成章,突出支持香港在国家对外开放中的地位和功能,进一步支持深化香港与内地的合作交流,显示中央既对香港高度关心,也对香港寄予厚望。

全世界都在抢搭中国发展的快车。在设计"一带一路"愿景与行动时,中央把支持香港参与和助力"一带一路"建设作为重要的政策取向,重视香港在"一带一路"建设中可以发挥的区位、先发、服务业专业化和人文等四个独特优势和重要作用。粤港澳大湾区城市群建设蓝图的擘画和实施,则将为香港未来发展"插上翅膀",香港在资金、人才、专业服务、国际联系等方面的优势将得到充分发挥。

20年来,国家发展为"香江传奇"打下坚实基础,香港为国家改革开放作出独特贡献。展望未来,中央将一如既往支持香港发展经济、改善民生。相信新一届特区政府能够团结带领广大香港同胞,在"一国两制"方针正确指引下,结合"国家所需、香港所长",主动对接国家发展战略,进一步谋划和推进香港长远发展,共同开创香港更加美好的明天。背靠祖国,面向世界,东方之珠将以新的姿态继续闪耀在世界舞台。

(作者为本报高级编辑)

《人民日报海外版》(2017年06月30日第01版)

习近平讲话为香港未来发展指明方向

吴亚明

7月1日，中共中央总书记、国家主席、中央军委主席习近平在庆祝香港回归祖国20周年大会暨香港特别行政区第五届政府就职典礼上发表重要讲话，并对今后更好在香港落实"一国两制"提出四点意见，得到海内外舆论的高度关注和积极评价。

习近平讲话全面总结了香港特区实践"一国两制"的丰硕成果，深刻揭示了香港特区繁荣稳定进步的内在原因，坚定了香港社会各界对"一国两制"的信心，并为香港社会全面准确理解和贯彻"一国两制"，更好地维护国家主权、安全、发展利益，保障香港繁荣稳定和不断发展前行指明了方向。

习近平强调，始终准确把握"一国"和"两制"的关系。习主席讲话旗帜鲜明、切中肯綮。"一国两制"构想的提出，首先是为了实现和维护国家的统一；我国对香港恢复行使主权，是恢复行使包括管治权在内的完整主权，中央对香港特区拥有全面管治权。"一国"是"两制"的前提和基础。在"一国两制"具体实践中，必须牢固树立"一国"意识，坚守"一国"原则，正确处理特别行政区和中央的关系。对于这个问题的认识，事关"一国两制"实践的大方向，事关建设一个什么样的香港特区的大目标，决不能有半点模糊、犹疑和动摇。

习近平强调，始终依照宪法和基本法办事。习主席讲话高屋建瓴、针对性强。依法治港是全面依法治国的应有之义，依法治港首先是依照宪法和基本法治港。我国对香港恢复行使主权，标志着香港的宪制基础和法律地位发生了根本性改变。作为国家根本大法的宪法和根据宪法制定的香港特区基本法，共同构成了香港特区政权架构、政治运作、社会治理体系的宪制基础。只有坚定维护以宪法和基本法为基础的香港特区宪制秩序，才能确保香港的长期繁荣稳定。

习近平强调，始终聚焦发展这个第一要务。习主席讲话语重心长、鼓舞人心。香港的生命力在于经济社会发展，发展是永恒的主题，是香港的立身之本，也是解决香港各种问题的金钥匙。这是金科玉律。对香港来说，应该立足当下，谋划长远。中国的发展是世界的机遇，首先是香港的机遇。香港应该紧紧抓住国家发展机遇，主动对接国家发展战略，发挥香港所长、服务国家所需、壮大整体实力。

习近平强调，始终维护和谐稳定的社会环境。习主席讲话内涵丰富、情真意切。俗话说"家和万事兴"，无论是发展经济、改善民生，香港都需要有一个稳定和谐的社会环境，这是广大香港市民的根本利益所在。我们很高兴地看到，穿越风风雨雨，目前香港社会各界普遍厌倦政治争拗，希望集中精力务实解决经济民生问题，像《狮子山下》所唱的那样，"放开彼此心中矛盾，理想一起去追"。

有伟大祖国作为坚强后盾，有中央政府和内地人民的大力支持，有回归20年积累的丰富经验和夯实的发展基础，有香港特别行政区政府和社会各界人士的团结奋斗，"一国两制"在香港的实践一定能够再谱新篇章，香港一定能够再创新辉煌！

（作者为本报高级编辑）

《人民日报海外版》（2017年07月02日第01版）

续写狮子山下新传奇

任成琦

国家主席习近平在香港特区第五届政府就职典礼上,对新一届特区政府提出希望:"要与时俱进、积极作为,不断提高政府管治水平;要凝神聚力、发挥所长,开辟香港经济发展新天地;要以人为本、纾困解难,着力解决市民关注的经济民生方面的突出问题,切实提高民众获得感和幸福感;要注重教育、加强引导,着力加强对青少年的爱国主义教育,关心、支持、帮助青少年健康成长。"这些希望,语重心长,切中肯綮。

凡事皆有纲,纲举目乃张。香港未来发展的"纲"在哪里?当然在"一国两制"四字上面。因为"一国两制"是历史遗留的香港问题的最佳解决方案,也是香港回归后保持长期繁荣稳定的最佳制度安排,是行得通、办得到、得人心的。

对香港普通民众来说,香港实行"一国两制"成功与否,最重要的验证就是"繁荣稳定",因为它跟每一个港人的利益切实相关。习主席说,发展是永恒的主题,是香港的立身之本,也是解决香港各种问题的金钥匙。一旦手握金钥匙,何愁前方门不开?全心全意谋发展,既是擦亮香港这颗南海明珠的不二法门,也是践行、深化"一国两制"的必然要求。

当前,"一国两制"在香港的实践遇到一些新情况新问题。思考现在、谋划未来,更要强调始终依照宪法和基本法办事。维护香港法治,有利于为发展保驾护航,有利于避开"泛政治化"的旋涡,抵消人为制造对立、对抗的负面效应。"和气致祥,乖气致异。"香港虽有不错的家底,但在全球经济格局深度调整、国际竞争日趋激烈的背景下，也面临很大的挑战，经不起折腾和内耗。法治与发展一样，是香港未来行稳致远的保证。

夯实法治基石，必然要求加强香港社会特别是公职人员和青少年的宪法和基本法宣传教育。20年来，香港特区政府和各界爱国爱港人士做了大量工作，营造"人心回归"的有利环境。尤其带领青少年走进内地，触摸历史，了解中国文化，认识自己的国家和民族。实践证明，这样做是有效果的。"一国两制"下国民意识的培养、国家观念的增强，是未来香港社会的必做答卷。

在风云变幻的国际竞技场上，香港手里握有一副好牌是事实，但"逆水行舟，不进则退"。单打独斗实不明智，用香港俗语讲，不能"塘水滚塘鱼"，而要看到内地广阔如大海。在经济发展的快车上，国家已为香港预留了座位，关键就看香港能不能有效对接，从而在参与和助力国家发展战略的过程中实现自身更大的发展。下一步，"一带一路"建设、粤港澳大湾区建设、人民币国际化等，都是香港持续发展不可错过的"东风"。

习主席视察香港时明确表示，此行要点之一就是"谋划未来"。对香港全社会而言，在回归祖国20周年之际都应该思考，香港未来怎么走？习主席已经在讲话中明确给出了方向。新任行政长官林郑月娥面对媒体也清晰描绘了未来的香港——一座人人安居乐业的优质城市。

展望未来，香港更应该坚定信心。这些年中央领导每次赴港视察讲话，都会指明方向，鼓舞信心。因为信心比黄金还重要。除了信心，对香港的未来进步也要有耐心。毕竟，从"春种一粒粟"到"小荷才露尖尖角"，再到"如竹苞矣，如松茂矣"，事物的发展和持续壮大需要一个过程。所有这些都要绵绵用力、久久为功。行稳方能致远。香港已经取得了辉煌的成就，只要团结一致、不懈努力，保持信心、耐心，未来必将续写狮子山下发展新故事、繁荣新传奇！

（作者为本报编辑）

《人民日报海外版》（2017年07月03日第01版）

期待香港收获更美好的五年

张庆波

本届香港特区政府首份施政报告于10月11日公布,行政长官林郑月娥表示"如释重负",香港市民心里也豁亮了起来。4.9万余字、251项新举措、469项持续推进的工作,承载着期望与承诺,凸显着决心与担当,新一届特区政府正努力用一次新的开始,为香港擘画一个新的未来。

诚意满满、干货十足,从林郑月娥在立法会上发表的施政报告中,人们感知到它的热量与分量。良好管治从"心"开始、多元经济齐头并进、改善民生无微不至、与青年同行有章有法,政府新角色、理财新哲学从理念化为举措,由现实指向未来,一份兼具方向与方法、透射近景与远景,指出问题又给出答案的施政报告,让人听出了"有心"、看到了"有力",怎会不因其务实而感到踏实,不因其用心而感到贴心?

人们可以感受它的温度。施政报告坚持以人为本,殷切关注民生,大到着力解决住房难问题,梯次应对人们的置业诉求,推出"港人首置上车盘"计划,小到关照人们生活起居,给学校提供"空调设备补贴"、为市民发放公共交通费用补贴、延长男士法定待产假日。让人们重燃置业希望、舒缓生活忧苦,报告里有赤忱的为民情怀。

人们可以体会它的决心。"志不求易,事不避难",施政报告直面香港社会经济民生方面老大难问题,没有躲闪回避,而是积极应对。经济发展有瓶颈,就从发展创新科技、创意产业等新兴产业来实现突破;土地供应跟不上,就整合各方资源;中小企业生存困难,就把税率降得更低。迎难而上、不惧挑战，报告里有强烈的担当意识。

人们可以发现它的创新。施政报告提出，香港经济增长可以更快，人口老龄化不是负担，上万亿的财政储备可以用得更好，与青年同行的承诺绝不是嘴上说说——成立"创新及科技督导委员会""人力资源规划委员会""青年发展委员会"……一个理念跟着一项举措，一项举措跟着一个机制，关注了热点，给出了亮点，报告里有浓厚的创新精神。

好的施政报告，需要切实执行。发表施政报告，是新一届特区政府成立100天后交出的一份答卷，也是发给自己未来一年乃至五年的一份问卷。中共中央总书记、国家主席、中央军委主席习近平在香港特别行政区第五届政府就职典礼的讲话中指出，"满足香港居民对美好生活的期待，继续推动香港各项事业向前发展，归根到底是要坚守方向、踩实步伐，全面准确理解和贯彻'一国两制'方针"。特区政府将担负起习近平的殷殷重托，在未来5年把香港建设得更好，把这份试卷捧在手里、记在心上，与香港市民同心戮力，努力答好。

"云散月明谁点缀？天容海色本澄清。"新一届特区政府成立以来，已经展现出新风采、新气象，向好的势头在巩固，前行的步履更坚实。拨去香港社会表面或有的嘈杂与浮云，聚心会神搞建设，握紧发展这把"金钥匙"，香港的明天会更美好，"一国两制"的事业将更壮阔。

（作者为本报编辑）

《人民日报海外版》（2017年10月12日第01版）

共享祖国繁荣富强的伟大荣光

任成琦

习近平总书记在中共十九大报告中指出,"要让香港、澳门同胞同祖国人民共担民族复兴的历史责任、共享祖国繁荣富强的伟大荣光"。这句话字里行间凝聚着党中央对港澳同胞的殷切关怀、支持和信任,立意高远、语重心长,具有极强的感召力。

共担责任、共享荣光,这种美美与共,能让港澳同胞增加民族认同和国家认同,像石榴籽一样更加紧密地团结在祖国大家庭中。"狮子山触得到长城,血脉里感应。"中华民族伟大复兴的中国梦,不仅仅是内地人民的梦,也是包括港澳同胞在内的全体中华儿女共同的梦想。

这种美美与共,是与过去一脉相承的。港澳在国家改革开放初期和现代化建设中具有特殊而重要的作用,港澳与国家早就形成风雨同舟、荣辱与共的紧密关系。回归祖国后,它们重新纳入国家治理体系,融入国家发展大局,共享祖国发展战略机遇期,共同抵御金融危机、"非典"等多重风险,已经走上了优势互补、共同发展、永不分离的宽广道路。

这种美美与共,是与新时代"一国两制"行稳致远的基本方略相辅相成的。共担、共享有一个前提,那就是必须坚持爱国者为主体的"港人治港""澳人治澳",发展壮大爱国爱港爱澳力量,增强香港、澳门同胞的国家意识和爱国精神。否则,美美与共就成了无源之水、无本之木。

如何实现美美与共?十九大报告提出了明确路径:要支持香港、澳门融入国家发展大局,以粤港澳大湾区建设、粤港澳合作、泛珠三角区域合作等为重点，全面推进内地同香港、澳门互利合作。报告通过描绘和展现国家发展的一幅幅优美蓝图，为港澳同胞同筑中国梦指明了方向。港澳同胞要搭上这辆"车"、快上这辆"车"，与内地同胞一起乘这辆"车"奔向新目标、新征途、新天地。

民齐者强，上下同欲者胜。在融合发展的快车道上，要避免港人常说的"塘水滚塘鱼"思维，要提升视野算大账，扑下身子主动汇入祖国发展的洪流大潮中。港澳可以发挥内地城市无可替代的独特作用，比如助推内地实施"走出去"战略；利用自己熟悉全球营商环境的优势，帮助内地企业在全球范围内整合资源、开拓市场；利用香港金融、法律、会计等优势，帮内地培养所需专业人才；等等。

智者创造机会，而不仅仅是等待机会。未来，港澳只要继续坚持"一国"之本、善用"两制"之利，从"国家所需"角度挖掘"自身所长"，就一定能在国家不断走近世界舞台中心的新时代，为民族复兴尽责，为繁荣富强尽力，与国家实现双赢。

凡是过去，皆为序章。展望未来，扬帆远航。习近平总书记所作的报告是中国迈向新时代、开启新征程、谱写新篇章的政治宣言和行动纲领。目标已经明确，道路已经清晰，港澳同胞在洋溢着光荣与梦想的新征程中，一定大有可为、大有作为！

(作者为本报编辑)

《人民日报海外版》（2017年10月21日第01版）

新时代书写香港新篇章

张庆波

5次提及港澳、3处展开论述、16次出现"香港"字眼、700多字阐明"一国两制",十九大报告以创下历届党代会报告之最的又一面,宣告着香港与国家一起,已经步入新时代,开启新征程。香港向上看、向前走,昂首阔步,前景光明。

新时代属于香港。"经过长期努力,中国特色社会主义进入了新时代,这是我国发展新的历史方位。"十九大报告作出的重大战略判断,让全国振奋。标注新时代的,是五年来国家取得的历史性成就、实现的历史性变革;新时代的一个注脚,是五年来港澳工作取得新进展、香港保持繁荣稳定。新时代是全中国的新时代,包括香港;它属于每一个中国人,包括每一个香港同胞。分析十九大报告,研究它的结构与篇幅,能看到香港的分量更重了;解读十九大报告,研究它的精神与举措,能望见香港的前程更广阔。总结成绩时,衷心感谢香港同胞,明确方略时,"一国两制"浓墨重彩,绘制蓝图时,南海明珠镶嵌其上。过去,祖国珍视香港,为香港喝彩;新时代,祖国高看香港,携香港腾飞。"共享祖国繁荣富强的伟大荣光",新时代属于香港。

新时代需要香港。"保持香港、澳门长期繁荣稳定,实现祖国完全统一,是实现中华民族伟大复兴的必然要求。"十九大报告确立的新的指导思想,定义了香港发展新的使命。同心共筑中国梦,需要香港力量;实现中华民族伟大复兴,需要香港续写繁荣。梦想召唤,使命催征,香港需要促进社会和谐、跨越发展屏障、保障和改善民生。维护中央对香港特别行政区全面管治权，融入国家发展大局，壮大爱国爱港力量，政府积极作为、社会戮力同心，不骄不躁不折腾、向上向好向前看，高度自治才能发挥最大优势，经济民生才能浴火重生，新时代香港才能铸就新气象。"共担民族复兴的历史责任"，新时代需要香港。

新时代成就香港。"实现中华民族伟大复兴，是全体中国人共同的梦想。"十九大报告绘就的蓝图，照亮了香港的光明前景。"一国两制"方针不会变、不动摇，"一国两制"实践不变形、不走样，"2047"不是生死线。支持香港融入国家发展大局，全面推进内地同香港互利合作，制定完善便利香港居民在内地发展的政策措施，实现"两个一百年"奋斗目标路上，国家拉着香港。把人民对美好生活的向往作为奋斗目标，逐步实现全体人民共同富裕，覆盖每一个香港同胞，造福每一个香港同胞。在中华民族伟大复兴的壮阔征程中，香港梦融入中国梦，中国梦点燃香港梦，新时代必将成就香港。

阔步新时代，需要新思想指引。十九大确立习近平新时代中国特色社会主义思想为全党全国各族人民为实现中华民族伟大复兴而奋斗的行动指南，香港也须一体遵循。"历史只会眷顾坚定者、奋进者、搏击者"，有新思想指引，香港与国家才能同频共振奏响新时代之歌；有新思想感召，香港与国家才能步调一致跳出新时代之舞；有新思想激励，香港与国家才能砥砺前进共同抵达美好未来。"同心创前路"，借用特区政府为庆祝香港回归20周年选定的这句口号，其"同心"既应是730万香港同胞的同心，也应是包括香港同胞在内13亿多中国人民的同心。

"日新之谓盛德。"由十九大始，在党和国家的重视和关怀下，在全国人民的支持和帮助下，香港吃下"定心丸"，"终日乾乾，与时偕行"，在新时代整装上路再出发，必能续写新的传奇篇章。

(作者为本报编辑)

《人民日报海外版》（2017年11月06日第01版）

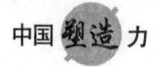

两个"绝对"严正警告"台独"

王 平

"中国人民和中华民族有一个共同信念,这就是:我们伟大祖国的每一寸领土都绝对不能也绝对不可能从中国分割出去!"十三届全国人大一次会议闭幕会上,习近平总书记讲完这句话,全场掌声雷动。

2018年春天,中国大陆站在新的历史起点上,抬头已可望见中华民族伟大复兴的曙光,台湾岛内的"台独"分裂势力却仍贼心不死,明里暗里动作频频。习近平这段话,是对维护国家领土安全的庄严宣示,也是对各种分裂势力尤其是"台独"的严正警告。

"绝对不能"表达的是坚定的意志。近代中国积贫积弱被迫割土失地,是中国人心头挥之不去的痛。维护国家领土主权完整,是全体中华儿女共同愿望,是中华民族根本利益所在,中国人民绝不容忍国家分裂的历史悲剧重演。

"绝对不可能"代表的是信心和底气。当大陆跃居世界第二大经济体,当久经磨难的中华民族迎来从站起来、富起来到强起来的伟大飞跃,两岸综合实力日趋悬殊、云泥分判之时,"台独"图谋得逞的可能性早已为零。中国人民有充分的信心、足够的能力挫败一切分裂国家的图谋。

民进党上台以来,拒不承认"九二共识",破坏两岸交流交往的政治基础,致使本已春暖花开的两岸关系再度冰封。民进党当局不放弃"台独"立场,放任纵容"去中国化""渐进台独",阻挠、限制两岸交流合作,妄图削弱、割断台湾同大陆的政治、经济和历史文化联系。岛内各种"急独"势力动作频频，竭力鼓噪推动所谓"正名""制宪"。与此同时，一些外部势力趁机大打"台湾牌"，力图"挟台湾而遏大陆"。

"台独"分子显然误判了形势，以为有"绿色执政"的庇护就可关起门来胡作非为，以为有外部势力的撑腰打气就可挟洋自重卖身求荣。大陆决不容忍"法理台独"分裂行径，决不会坐视"渐进台独"侵蚀和平统一的基础，坚决反对外部势力在台海兴风作浪。在民族大义和历史潮流面前，一切分裂行径和伎俩都将注定失败，都会受到人民的谴责和历史的惩罚。

尽管台海局势严峻复杂，大陆仍将坚持一贯对台大政方针，坚持一个中国原则，坚持"九二共识"，推动两岸关系和平发展，扩大两岸经济文化交流合作，同台湾同胞分享大陆发展的机遇，增进台湾同胞福祉，促进两岸同胞心灵契合，推进祖国和平统一进程。

大陆近期推出促进两岸经济文化交流31条措施，在台湾社会收获好评。岛内一系列民调显示，民进党执政近两年以来，台湾民众支持统一、反对"台独"，愿意到大陆发展的人数比例呈明显上升趋势。公道自在人心。广大台湾民众终将看清，谁真心为台湾好，谁又在人为制造仇恨的藩篱祸害台湾。

人心所向，天命所归。国家统一是中华民族走向伟大复兴的历史必然。台湾的前途系于国家统一，台湾同胞的福祉系于中华民族的强盛。为了两岸共同福祉，为了中华民族能早日实现伟大复兴，两岸同胞理应携手同心，顺应历史大势，共担民族大义，一起推动两岸和平统一进程，共圆中国梦。

（作者为本报主任编辑）
《人民日报海外版》（2018年03月23日第01版）

台当局别总揣着明白装糊涂

任成琦

国台办主任张志军5月8日表示，台湾参与世界卫生大会（WHA）必须坚持体现一个中国原则的"九二共识"。由于去年"5·20"以来台湾当局拒不接受"九二共识"，因此台湾出席WHA的前提和基础就不复存在。

话说到这个份上，已经再明白不过。第70届WHA网络报名8日截止，世卫组织的邀请函，成了民进党当局巴望半天却永远盼不来的信件。这事怪不得别人。台湾地区前领导人马英九曾明确表示，两岸就共同的政治基础达成一致意见，是台湾2009年后能够参加WHA的主因。

去年"5·20"民进党上台后，迄今拒不承认"九二共识"和两岸同属一个中国的核心意涵，破坏了两岸关系的共同政治基础，导致两岸联系沟通机制停摆。皮之不存，毛将焉附？之前有台媒就笃定地称，出席WHA一事黄了已是"圈内普遍看法"。如今被拒之门外，实在是意料之中。连外界都看明白的事，民进党当局岂会不知？

但台当局就是一副痴心不改的"糊涂"样，戏份做得很足。又是秉持所谓"不容乐观、绝不悲观"的态度，积极争取全力以赴；又是提出所谓"新情势、新问卷、新模式"的"三新"论述，试图挤牙膏一样挤出一点点"善意"。可惜热热闹闹挤了半天，却发现里面是个三心二意的空壳：好话堆积一箩筐，不过是想挣脱"九二共识"这个紧箍咒。

想想去年最后一刻搭上世卫大会末班车，台当局心里肯定不是滋味。去年WHA邀请函上新增联合国2758号决议文及一个中国原则等文字，本来是度人

238

的金针,却被"台独"势力看成了"票房毒药"。今年好了,连被"矮化"的机会都没有了。

"勇闯""国际空间"却处处受限,台当局领导人蔡英文身上的压力可想而知。近些日子她九度在推特发文,向国际喊话称,不应以任何理由排除台湾参加WHA,云云。她不是看不到,"九二共识"、两岸一中已经是国际社会的主流共识。从世界钢铁大会和"金伯利进程"会议上台湾代表被赶出会场的一幕幕,到参加第39届国际民航组织大会、第85届国际刑警组织大会和《联合国气候变化框架公约》缔约方大会都接连遭拒的一桩桩,民进党当局应该反躬自省,为何一轮到自己上台执政,台湾就一事无成?

有台媒提醒说,台当局应思考,WHA去不了,台湾将来的策略是什么?台外事部门负责人说,如果没有收到邀请函,就会"有行动"。问题是,台当局刷存在感的招数大家都心知肚明。除了接二连三发发推特,也不外乎"老三样"——场外设摊闹闹场子,求助"友邦"找找"外援",诉诸打压转移焦点。说来说去,民进党当局虽然在参会问题上作出了许多"努力",却未触及问题的关键。不是不知道关键,是想不想抓住关键。未来只有从改善两岸关系、构建共同政治基础、通过两岸对话协商作出适当安排,才能解决台湾参与WHA及其他国际活动的问题。

舍弃这个"通关密码",就要继续撞南墙。如果还揣着明白装糊涂,撞了南墙不回头,那就只能头破血流。

(作者为本报编辑)

《人民日报海外版》(2017年05月09日第01版)

台湾当局应好好反省

吴亚明

中国外交部长王毅同巴拿马副总统兼外长德圣马洛6月13日在北京签署建交联合公报,巴拿马政府宣布承认世界上只有一个中国,台湾是中国不可分割的一部分,巴拿马即日断绝与台湾的"外交关系"。这一"重磅消息",引起海峡两岸和国际舆论的高度关注。毋庸置疑,中巴建交是两国人民的共同愿望,符合两国和两国人民的根本利益,体现了一个中国原则是人心所向、大势所趋。

一如所料,面对"惊天巨变",台湾当局在惊慌失措的同时,又玩起了"推脱责任、制造悲情,煽动对抗"的老把戏,污蔑大陆"冲击现状,将两岸由和平推向对抗",威胁"将重新评估两岸情势","将全面检视包括两岸政策在内的政策",还试图绑架鼓动岛内民众"团结因应,一致对外"。殊不知,历经一年多来民进党的执政"梦魇",许多台湾民众早已经看破台湾当局的手脚,巴拿马与台"断交"消息传出,岛内有识之士第一时间就表示,症结在于台湾当局没有把两岸关系处理好,民进党和蔡英文才应该负最大责任。

确实如此。民进党和蔡英文上台一年多来,口口声声"维护两岸关系现状",却单方面背弃"九二共识"这一政治基础,损毁了两岸关系和平发展的重要根基,对于两岸同属一个中国这一事关两岸关系根本性质的核心问题,始终不作回答。台湾当局的所作所为,导致两岸制度化交往机制停摆,导致两岸关系和平发展良好势头受阻,导致两岸关系和平发展方方面面成果受到冲击。这就是巴拿马与台"断交"的根源。对此后果，台湾当局不应该倒果为因，搪塞质疑，应该深切反省，"抚心私自问，何者是荣衰？"

大陆方面向来主张在一个中国原则的前提下，两岸在涉外事务中应当避免不必要的内耗，以维护中华民族的整体利益。至于台湾参与国际组织活动的问题，在不造成"两个中国""一中一台"的前提下，可以通过两岸务实协商，做出合情合理的安排。大陆方面是这么说的，也是这么做的。2008年至2016年两岸在涉外事务中的默契和互动，即为明证。在这期间，台湾数度以"中华台北"名义、观察员身份参与世界卫生大会，曾经以"中华台北民航局"名义、理事会主席客人身份列席第38届国际民航大会……凡此种种，都是因为两岸双方坚持体现一个中国原则的"九二共识"，两岸双方有着良好的政治互信。

事实再次充分证明，"九二共识"是两岸关系的定海神针。坚持"九二共识"政治基础，两岸关系和平发展道路就可以越走越宽。反之，如果这一基础被破坏，两岸关系就会重新回到动荡不安的老路上去。在两岸同属一个中国的大是大非问题上，态度容不得任何模糊。俗话说，"解铃还须系铃人"。诚如国台办发言人马晓光所指出的，只有承认"九二共识"，认同其两岸同属一中的核心意涵，两岸关系才能重回和平发展的正确方向，台湾当局应认清客观大势，做出明智抉择。

（作者为本报高级编辑）

《人民日报海外版》（2017年06月14日第01版）

中国史"被消失",台当局其心实可诛!

任成琦

蔡英文当局执政以来,经常把"维持现状""不挑衅"挂在嘴边,但从"去孙(中山)化""去郑(成功)化"到修"法"严管退役将领赴大陆交流,小动作一直不断。1年多来,台外事部门使用"访台"字眼频次远高于"访华"。在"七七事变"80周年纪念日当天,当局几乎没啥动作。不出来纪念也就罢了,蔡英文竟然无视两岸民众感受,在社交媒体上用日文向日本表达"灾情慰问"。更有甚者,蔡当局明目张胆修改高中教科书课纲,把中国史降格为"东亚史"的一部分。

清代学者龚自珍说:"灭人之国,必先去其史。"李登辉时期,课本教材中已有"去中国化"的苗头。曾在陈水扁时期任台"教育部长"的杜正胜,杜撰出一个"同心圆史观"的歪论,号称"以台湾为中心",从乡土史、台湾史、中国史、亚洲史到世界史,一圈圈地往外"认识世界"。陈水扁上台后,"台湾史"果真抽出来独立成册,与"中国史"和"世界史"并列。

如今蔡当局变本加厉,故意将岛内爱乡爱土的地域意识上升成"国族意识",将"两岸一中"的默契硬拗为"脱中"的意识形态,赤裸裸地让学术和教育为其"国族建构"迷梦背书。民进党和蔡英文上台前,就在"太阳花学运"中完成了李、扁早期教育的收割。在尝到"甜头"之后,自然食髓知味,得寸进尺。至于中国历史和中华文化在岛内被自我阉割,有成为"失根的兰花"之虞,也断然在所不惜,真乃其心可诛!

值得警惕的是，近几个月来，民进党当局各种动作幅度越来越大。有人说，蔡当局统一无量、明"独"无胆，但从早先的"隐性台独""柔性台独"，开始与具体"内政"作为结合，转向"半遮面台独"。因惧怕大陆和外界强烈反制，就怀抱"维持现状""不挑衅"的"琵琶"，一边弹奏自认为悦耳的空洞音调，一边在施政中造成某些"独"性十足的既定事实。

除了顽固的"台独"意识作祟，更是仗着执政权在手，蔡当局妄图用"既定事实"做个硬气样子给大陆看，也给某些外部势力一个遥相呼应的信号。毕竟，不承认"九二共识"，单方面破坏两岸共同的政治基础，台湾在"对外空间"上面临的压力越来越大。再者，岛内2018年"九合一"选举渐近，蓝绿都在提早布局，面对内部压力、对手压力和民意压力，民进党当局需要巩固基本盘，讨好深绿。

可惜事与愿违。最新民调显示，蔡英文只有15.3%的支持率，远低于认可"两岸一家亲"的台北市长柯文哲。民调反映民意，民众最在意的是经济，是日子好不好过。放着两岸和平红利不要，搞不利于经济发展的"半遮面台独"难有足够选票。再说，历史和文化有其自身规律，并不会时时随着政治操作起舞。当局磨刀霍霍，砍斫中华历史文化这棵参天大树时，快意是快意了，但切记"磨刀恨不利，刀利伤人指"。当诗人李白成了外国人，传统的扯铃（抖空竹）都是"统战的工具"，怎会不成为外界笑谈？

解铃还须系铃人。不正本清源地解决根本问题，"维持现状"的口号是骗，"去中国化"的作为也是骗，骗人骗己骗选票而已。笔者倒是要奉劝一句，捣鬼有术也有效，然而有限，以此成大事者"古今台外"无有。说到底，拒绝"九二共识"灯塔的指引，"维持现状"的航标载沉载浮，蔡当局难道非要化身那艘"泰坦尼克"，一意孤行地撞上民意的冰山吗？

（作者为本报编辑）

《人民日报海外版》（2017年07月12日第01版）

"二·二八"起义70年之省思

吴亚明

70年前的今天,台北街头的女烟贩林江迈遭到缉私警察殴打,引爆了台湾同胞反抗专制统治、争取基本权利的正义行动,史称"二·二八"起义。"二·二八"起义是中国人民解放斗争的重要组成部分,充分体现了广大台湾同胞的爱国主义光荣传统。

70年后的今天,回首前尘、省思历史,我们更加清楚地明白一个道理,两岸同胞虽然隔着一道海峡,但命运从来都是紧紧连在一起的。两岸同胞应该携手同心,坚决反对"台独"分裂,共同推动和平发展,致力民族复兴伟业,这才是对"二·二八"起义70周年的最好纪念和对"二·二八"起义先贤英烈的最好告慰。

作为全国人民反对国民党暴政的重要组成部分,当年台湾同胞的"二·二八"起义,与大陆人民开展的反饥饿、反迫害、反内战运动相互呼应,汇聚成了全国同胞爱国民主运动的巨大洪流,有力地配合了当时全国人民的解放战争。这就是"二·二八"的历史真相,这就是"二·二八"的根本性质。

然而长期以来,岛内"台独"分裂势力,出于分裂国家的罪恶目的,蓄意歪曲"二·二八"历史事实,挑拨省籍矛盾,撕裂台湾族群,制造社会对立。他们把爱国民主、争取自由、反对国民党独裁专制统治的"二·二八"起义歪曲成搞分裂、搞"台独"运动的开端,诬指"二·二八"起义的先贤英烈是什么"台独"运动的先驱。他们把"二·二八"历史事实当成"橡皮泥"随意搓揉，把"二·二八"当成"提款机"骗取选票。他们每年借纪念"二·二八"之名，行政治斗争、分裂分化之实。凡此种种，不一而足，其目的无非是要塑造所谓的"新国家认同"，建构所谓的"台湾民族主义"，为"台独"分裂奠定社会基础。他们的险恶用心和卑劣做法，自然遭到岛内有识之士的强烈反对和批判。

"台独"分裂是两岸关系的最大障碍，是台海和平的最大威胁，是台湾社会的最大祸害。"台独"谬论是对台湾同胞爱国爱乡情怀和当家做主意愿的最大扭曲，是对台湾同胞中华民族意识和中华文化认同的粗暴亵渎，绝不是爱台湾，而是害台湾；绝不是台湾之福，而是台湾之祸。只有坚决反对"台独"分裂，促进两岸关系和平发展，才能从根本上维护台湾同胞的利益，创造两岸同胞的共同福祉。这也是对"二·二八"起义70周年的最好纪念。

两岸同胞是血脉相连的命运共同体。民族强盛，是两岸同胞之福；民族弱乱，是两岸同胞之祸。实现中华民族伟大复兴的中国梦，与两岸同胞前途命运息息相关。当前，我们比以往任何时候都更加接近、更有能力实现这个伟大梦想。历史不能选择，但现在可以把握、未来可以开创。两岸同胞应该携手同心，致力于中华民族复兴伟业。这也是对"二·二八"起义先贤英烈的最好告慰。

(作者为本报高级编辑)

《人民日报海外版》（2017年02月28日第01版）